Lydia Brownback

Freude

Andachten für Frauen

Lydia Brownback

Freude
Andachten für Frauen

Bibelzitate nach der Revidierten Elberfelder Übersetzung
© 2011 SCM R.Brockhaus im SCM-Verlag GmbH & Co.KG

Brownback, Lydia
Freude
Andachten für Frauen

Titel des amerikanischen Originals: Joy
Copyright © 2010 by Lydia Brownback
Published by Crossway a publishing ministry of Good News Publishers, Wheaton, Illinois 60187, U.S.A.

© Copyright 2012 der deutschen Ausgabe
Christliche Verlagsgesellschaft mbH, Dillenburg
www.cv-dillenburg.de
Übersetzung: Anke Hillebrenner, Brake
Umschlaggestaltung: Christoph Ziegeler
www.pixelkraft.de
Satz: CV Dillenburg
Druck: CPI Moravia Books, Pohorelice

Printed in Czech Republic

Inhalt

Einleitung

Freude – Freude ist etwas, das uns von der Welt um uns herum unterscheidet. Indem Jesus Christus sich selbst schenkte, gab er uns gleichzeitig alles, was wir jemals nötig haben werden. Er garantiert für unsere Sicherheit. Er versorgt uns. Er ebnet unsere Pfade. Natürlich gibt es immer wieder Zeiten, in denen wir mit Schwierigkeiten, Sorgen und Unsicherheit leben müssen. Doch echte Freude hängt nicht von unseren Lebensumständen ab. Warum also laufen wir meistens so bedrückt durch den Tag? Wir müssen nicht bedrückt sein. Ganz sicher: Es gibt überhaupt keinen Grund dazu! Viel zu oft sind unsere Gedanken und Worte geprägt und durchwoben von Grübeleien und trüben Stimmungen. Wir lassen unseren Blick von dem gefangen nehmen, was wir nicht haben, anstatt unsere Aufmerksamkeit auf all das zu richten, was wir haben.

Die meisten von uns sind sowohl in geistlicher als auch in materieller Hinsicht privilegierte Frauen. Genau da liegt ein Teil unseres Problems. Wir sind überprivilegiert. Sämtliche Annehmlichkeiten des Lebens sind uns zugänglich: Das passende Medikament für jede Art von Krankheit, staatliche Unterstützung in Zeiten finanzieller Not und eine Flut von Geschmacksvarianten bei der Bestellung eines Kaffeegetränks. Und obendrein haben wir jederzeit Zugang zum Wort Gottes und zu seiner Gemeinde. Doch weil all diese Dinge so leicht zu haben sind, betrachten wir jedes Privileg als unser gutes Recht. Ein solches Anspruchsdenken erstickt jegliche Freude im Keim. Alles, was wir haben – Gesundheit, Freiheit, Freundschaften, Familie, Arbeitsstelle, soziale Sicherheit –, ist ein Geschenk, auf das wir keinerlei Anspruch haben. Vergegenwärtigen wir uns diese Wahrheit auch in Zeiten, in denen es mal nicht nach unseren Wünschen läuft, wird unsere Freude lebendig bleiben. Freude ist jederzeit möglich für die, in denen der Heilige Geist wohnt – und das macht das Trübsalblasen schlichtweg zu einer faulen Ausrede.

Der vermutlich fröhlichste Mensch, den diese Erde je gesehen hat, war der Apostel Paulus, obwohl er nicht viele Annehmlichkeiten genießen durfte. Folgendes schrieb Paulus über sein eigenes Leben:

»In Mühen um so mehr, in Gefängnissen um so mehr, in Schlägen übermäßig, in Todesgefahren oft. Von den Juden habe ich fünfmal vierzig Schläge weniger einen bekommen. Dreimal bin ich mit Ruten geschlagen, einmal gesteinigt worden; dreimal habe ich Schiffbruch erlitten, einen Tag und eine Nacht habe ich in Seenot zugebracht; oft auf Reisen, in Gefahren von Flüssen, in Gefahren von Räubern, in Gefahren von meinem Volk, in Gefahren von den Nationen, in Gefahren in der Stadt, in Gefahren in der Wüste, in Gefahren auf dem Meer, in Gefahren unter falschen Brüdern; in Mühe und Beschwerde, in Wachen oft, in Hunger und Durst, in Fasten oft, in Kälte und Blöße; außer dem übrigen noch das, was täglich auf mich eindringt: die Sorge um alle Gemeinden« (2Kor 11,23b-28).

Der Mann, der diese Dinge erlebte, schrieb auch: »*Freut euch im Herrn allezeit! Wiederum will ich sagen: Freut euch!*« (Phil 4,4). Trotz aller Schwierigkeiten, die er durchmachen musste, konnte er sich freuen, denn »*der Herr ist nahe*« (V. 5). Niemals vergaß er den, der sein Leben regierte, und für diesen Herrn lebte er: »*denn das Leben ist für mich Christus*« (Phil 1,21). Freude und Christus-Zentriertheit gehen Hand in Hand. Wenn unser Leben nur noch selten von Freude gekennzeichnet ist, könnte es also daran liegen, dass wir nicht christuszentriert sind? Auf einige von uns könnte das zutreffen. Selbst diejenigen, die zur Zeit dunkle Täler durchwandern müssen, können nach Freude streben, im Glauben und im Vertrauen darauf, dass Gott genau diesen Weg für uns geplant hat. Früher oder später werden wir die Freude finden – in Christus. Für die einen mag der Schlüssel darin liegen, die Umlaufbahn um das eigene Ich und die materiellen Dinge zu verlassen und sich wieder auf Jesus zu besinnen. Andere wiederum müssen ermutigt werden, die Verheißung Gottes, dass er aus der Dunkelheit des Lebens ins Licht führen wird, ganz neu und beherzt zu ergreifen.

Doch zuerst müssen wir die Freude auch wollen. Es gibt Menschen, die trüben und hoffnungslosen Stimmungen eine eigentümliche Faszination abgewinnen können, ähnlich wie ein Kleinkind, das ein Wutgeheul anstimmt, um seinen Willen zu bekommen. Aber Gott reagiert nicht auf Wutausbrüche. Unsere Missstimmung ehrt Gott nicht. Sie raubt uns die Freude, die eigentlich so greifbar nah ist. Wenn wir Veränderung wünschen und beständige Freude in unserem Leben erfahren wollen, müssen wir danach streben – und in Jesus werden wir diese Freude finden.

Freude – eine Folge der Buße

*»Und seid nicht bekümmert, denn die Freude
am Herrn, sie ist euer Schutz!«*
Nehemia 8,10

Sünde bringt Unheil und Herzeleid – dieses Prinzip gilt immer und ohne Ausnahme. Die Erfahrung zeigt uns die traurige Wahrheit dieses Satzes. Trotzdem sündigen wir wieder und wieder, weil wir irgendwie hoffen, dass es dieses Mal vielleicht anders ist: Dieses Mal bleiben wir von den Folgen der Sünde verschont; dieses Mal werden die Dinge nach unseren Vorstellungen laufen. Dieses Mal werden wir die Folgen unseres Handelns so hingebogen bekommen, dass das Resultat nach unseren Gedanken ist. Immer und immer wieder fallen wir auf solche Lügen herein. Auch wenn wir uns dadurch gegen Gott stellen, so wird er sich niemals von uns abwenden. Er hält seinem widerspenstigen Volk die Treue. Das ist der Grund, weshalb Nehemia, der Statthalter von Juda, den Israeliten zurufen konnte, dass sie sich nicht bekümmern sollten.

Zur Zeit Nehemias hatten sich die Menschen im Herzen von Gott abgewandt. Wieder und wieder trafen sie die falschen Entscheidungen, und das führte letztendlich dorthin, wohin Sünde ausnahmslos führt: zu Entmutigung, zu Verlust und Mangel und schließlich zur Entfremdung von Gott. (Sünde bringt niemals etwas Erstrebenswertes für uns hervor.)

Doch als die Menschen Gottes Wort hörten, wurden sie von ihrer Sünde überführt. Sie hatten keine Entschuldigung mehr. Sie hatten den Herrn nicht mehr beachtet und seine Ehre verletzt; und das plötzlich aufkeimende Bewusstsein dieser Tatsache erschütterte ihre Herzen.

Auch wir sind manchmal betrübt angesichts unserer Sünde. Aber zwischen der Betrübnis darüber, die Konsequenzen unseres Handelns tragen zu müssen, und der Trauer über die Tatsache, den Herrn verletzt zu haben, besteht ein großer Unterschied. Nur die eine der beiden Gemütsregungen führt zur Buße. In einem Sprichwort heißt es: Sünde zu bereuen, bedeutet, sie so bitter zu bereuen, dass man mit ihr bricht. Wie wahr. Bereuen wir die Sünde nur, weil ihre Folgen anders aussehen als erwünscht, werden wir nicht von ihr ablassen, sondern höchstwahrscheinlich nur unsere Taktik ändern.

Buße bedeutet, der Sünde den Rücken zu kehren und in die entgegengesetzte Richtung zu marschieren. Sie erfordert einen konsequenten Bruch mit allem, was sich zwischen uns und den Herrn geschoben hat. Das mag von Gefühlen der Trauer begleitet sein, vielleicht auch zunächst nicht; es ist und bleibt ein heiliges Handeln. Und wenn wir beginnen, diesen Weg der Buße einzuschlagen, merken wir, wie er Empfindungen wie Kummer und Betrübnis darüber mit sich bringt, dass unsere Sünde einen Keil zwischen Gott und uns getrieben hat. Genau an diesem Punkt waren auch die Israeliten angekommen. Sie trauerten über die Folgen der Sünde in ihrer Gottesbeziehung. Aber genau an diesem Punkt geschah es auch, dass sie von Freude überwältigt wurden.

Freude ist das Letzte, was wir erwarten, wenn uns unsere Sündhaftigkeit schmerzhaft bewusst wird. Wir wissen, dass wir uns zurecht elend fühlen, und oftmals sind wir geneigt, uns in diesen negativen Gefühlen zu gefallen und in ihnen zu baden. Wir wollen dann beweisen, wie leid es uns tut oder gar versuchen, Gott wieder günstig zu stimmen. Aber Gott gefallen solche Bäder nicht, denn sie haben in Wahrheit mehr mit uns als mit ihm zu tun. »Oh, Herr, *meine* Sünde ist so schrecklich. Wie kannst du nur so jemand so Furchtbaren wie *mich* lieben?«

Geistlich gewirkter Kummer über die eigene Sünde badet sich nicht in Selbstmitleid, sondern ergreift die Gnade. Unser Blick richtet sich weg von unserer Schuld auf das liebende Herz Gottes und seine Bereitschaft zur Vergebung. Wir schauen weg von uns selbst auf das Kreuz, wo all unsere Verdorbenheit mit Jesus gekreuzigt wurde. Dann kann die Gnade Gottes die Oberhand über die Sünde gewinnen. Aus diesem Grund forderte Nehemia das Volk auf, sich nicht zu bekümmern. Denn da sie nun Buße getan und sich von ganzem Herzen wieder dem Herrn zugewandt hatten, war die Freude auf ihrer Seite. Sie konnten ihrer Sünde, ja sogar dem Kummer über die eigene Sünde getrost den Rücken zukehren, um sich ganz von der Freude der Erneuerung, der Hoffnung und des felsenfesten Vertrauens erfüllen und für ihren weiteren Weg stärken zu lassen.

Sind Sie entmutigt durch Sünde in Ihrem Leben? Denken Sie, Sie haben durch das, was Sie getan haben, das Thema Freude für immer verspielt? Wenden Sie sich mit Ihrem ganzen Herzen wieder Gott zu, und Sie werden erfahren, dass die Freude schon auf Sie wartet.

Freude – trotz Ablehnung

»Sie nun gingen aus dem Hohen Rat fort, voller
Freude, dass sie gewürdigt worden waren,
für den Namen Schmach zu leiden.«
Apostelgeschichte 5,41

»Sie ist auch eine von diesen Christen!« Solche Sätze schnappen wir vielleicht zufällig auf, während wir unseren Einkaufswagen durch die Konservenabteilung an irgendwelchen flüchtig bekannten Nachbarn vorbei manövrieren. Irgendetwas an uns verrät offensichtlich unübersehbar unsere Zugehörigkeit zum christlichen »Lager«, selbst gegenüber den Menschen, die uns gar nicht persönlich kennen. Nur was? Es ist gut, wenn unsere Umgebung uns daran erkennt, dass wir Freude ausstrahlen. Nicht so positiv dagegen ist es, wenn wir nur dadurch als Christen erkennbar sind, dass wir an Halloween das Licht im Haus ausschalten und die Tür nicht aufmachen. Oftmals bemühen wir uns eher darum, christlich auszusehen als wirklich christlich zu sein. Selbst wenn wir Christus in uns auf eine gewinnende Art und Weise ausstrahlen, werden wir nicht bei all unseren Nachbarn beliebt sein. Manch einer wird uns sogar hassen, wie Paulus in 2. Korinther 2,15-16 klarstellt:

»Denn wir sind ein Wohlgeruch Christi für Gott unter denen, die errettet werden, und unter denen, die verlorengehen; den einen ein Geruch vom Tod zum Tode, den anderen aber ein Geruch vom Leben zum Leben.«

Die fröhlichsten Frauen, die ich kenne, sind die, die sich dem Dienst für andere hingeben. Freude hängt nicht so sehr davon ab, wer uns nun mag oder hasst, sondern Freude ist die Folge eines Lebensstils, der über den eigenen Tellerrand hinweg agiert. Aus diesem Grund zieht sich die Freude der Apostel selbst angesichts der grauenvollsten Schwierigkeiten wie ein roter Faden durch die gesamte Apostelgeschichte. Ihre Lebensfreude hing nicht davon ab, ob es ihnen persönlich gut ging oder ob die Leute sie mochten. Ihr Lebenssinn war die Verbreitung der guten Nachricht von Gottes Liebe, die sich in Jesus Christus offenbart. In Apostelgeschichte 5 lesen wir, wie sie verhaftet wurden, weil sie das Evangelium gepredigt hatten. Der Hohe Rat beschloss, ihnen Schläge zu verordnen und sie dann laufen zu lassen. Danach, so wird uns berichtet, gingen sie fort, *»voller Freude, dass sie gewürdigt worden waren, für den Namen Schmach zu leiden.«*

Wann hat uns einmal die Tatsache, dass wir wegen unseres Glaubens Unangenehmes erdulden mussten, mit Freude erfüllt? Früher oder später werden wir wohl die Ablehnung eines Nachbarn, eines Familienmitglieds oder einer Freundin um unsers Glaubens willen erleben. Möglicherweise werden wir unsere Arbeitsstelle verlieren, weil wir uns zu Jesus bekennen, oder unsere Arbeitskollegen geben uns der Lächerlichkeit preis, weil wir glauben. Wir erachten solche Fälle von Ablehnung als Verfolgung, die Jesus all denen vorausgesagt hat, die ihm nachfolgen. Aber können wir uns tatsächlich darüber freuen, so wie es die Apostel getan haben? Das steht für uns auf einem ganz anderen Blatt. Was befähigte sie dazu? Jedenfalls nicht ihr Super-Christsein, das steht fest. Vielmehr war es die Tatsache, dass sie sich Jesus mit jeder Faser ihres Seins ausgeliefert hatten, so dass nur er ihnen wirklich wichtig war und sonst nichts. Leiden? Fabelhaft, solange es innige Gemeinschaft mit ihm beinhaltete. Materieller Segen und Überfluss? Nur zu, solange Gott in ihrem Leben dadurch noch deutlicher sichtbar wurde. Gott war das Ziel in ihrem Leben, das alles andere in den Schatten stellte. Deshalb war die Freude der ständige Wegbegleiter der Apostel.

Das Ausmaß der Freude, die wir in unserem Leben erfahren, entspricht dem Maß unserer Hingabe.

Freude – unabhängig von den Umständen

»Ich will aber, dass ihr wisst, Brüder, dass meine Umstände mehr zur Förderung des Evangeliums ausgeschlagen sind.«
Philipper 1,12

Paulus hatte keine Ahnung, was ihn erwartete, als er dem Ruf Jesu auf der Straße nach Damaskus folgte. Als Paulus sich bekehrt hatte, sagte Jesus über ihn: *»Dieser ist mir ein auserwähltes Werkzeug, meinen Namen zu tragen sowohl vor Nationen als Könige und Söhne Israels. Denn ich werde ihm zeigen, wie vieles er für meinen Namen leiden muss«* (Apg 9,15-16). Schläge, Gefängnisstrafen, Hass und Einsamkeit pflasterten den Weg seiner Missionsreisen, und schlussendlich starb Paulus den Märtyrertod. Doch selbst wenn Paulus sein Schicksal im Voraus gekannt hätte, wäre er Jesus trotzdem gefolgt. Denn in dem Moment, als er seinem Heiland begegnete, wurde Jesus sein Lebenselixier. Als Anfechtungen schwer auf ihm lasteten, konnten sie ihn doch nicht erdrücken, denn er sah in allem, was ihm widerfuhr, einen Schritt, der Gottes Reich ein Stück weiter voranbrachte. Diese Sichtweise bewahrte ihm seine Freude auch angesichts der Rückschläge, Enttäuschungen und Schwierigkeiten, die er hinnehmen musste.

Bringen wir Freude und Schwierigkeiten unter einen Hut, so wie Paulus es tat? Die Freude angesichts von Anfechtungen kommt meistens erst dann auf, wenn diese überstanden sind. Wenn wir harte Zeiten hinter uns haben, sind wir froh und dankbar, dass Gott uns seine Treue erwiesen hat, indem er uns wieder hindurch geholfen hat; wir freuen uns über all das, was Gott uns im Rückblick auf diese Zeit beigebracht hat. Aber es kommt selten vor, dass sich die Freude schon mitten im Sturm der Prüfungen einstellt. Sehen wir Schwierigkeiten auf uns zukommen, so wenden wir uns zwar an Gott, doch meistens flehen wir ihn an, dass der Kelch an uns vorübergehen möge. »Natürlich handeln wir so. Das ist doch nur menschlich,« wenden wir vielleicht ein. In der Tat ist es menschlich, und abgesehen davon möchte Gott, dass wir um Rettung beten. Natürlich hat auch Paulus um Rettung gebetet, aber seine Rettung stand auf seiner Prioritätenliste nicht ganz oben. Sein Herz schlug zuallererst für das Reich Gottes und dessen Ausbreitung. Deshalb erlebte er Freude. Er hatte keine Ahnung, ob sich seine Lebensumstände so gestalten würden, dass er viele Annehmlichkeiten würde genießen können. Aber er wusste, dass sein Leben, von welcher Seite es sich auch zeigen mochte, in jedem Fall ein Werkzeug für die Verbreitung des Evangeliums sein würde.

Der Grund dafür, dass sich die Freude inmitten unserer Schwierigkeiten nicht so recht einstellen will, ist, dass wir auf einen positiven Ausgang der Situation fixiert sind, der uns Erleichterung verschaffen soll. Was zeigt uns die Sichtweise des Paulus über die Person Gottes? Wenn

Paulus gleichzeitig leiden und seine Freude behalten konnte, verdeutlicht uns das mehr über Gott als über Paulus selbst. Es bedeutet nämlich, dass die Nachfolge Jesu aller Mühe wert ist, was auch immer sie uns abverlangt.

Darüber hinaus werden andere aufmerksam, wenn wir uns selbst in schweren Zeiten an Jesus klammern. Es ist leicht, unserem Vertrauen auf Gottes Liebe Ausdruck zu verleihen, wenn unser Leben harmonisch dahinplätschert; aber Gott wird doppelt verherrlicht, wenn wir dasselbe Verhalten in schmerzvollen Zeiten an den Tag legen. Die Theorie nicken wir zustimmend ab, aber wenn es hart auf hart kommt und wir mitten in Schwierigkeiten stecken, die uns durcheinanderwirbeln, dann bestimmen Angst und Zweifel unser Verhalten und nicht Vertrauen und Freude. Doch diese Phasen des Zweifels und der Entmutigung setzen nicht Gottes Macht außer Kraft; er steht über alledem. Es ist nicht menschlich, sich im Leiden zu freuen. Es ist übernatürlich. Gott wird nicht dadurch verherrlicht, dass er starke Frauen beruft, sondern dadurch, dass er schwache Frauen mit seiner Stärke ausrüstet.

Vielleicht gehen Sie gerade durch Zeiten des Leids und sind geneigt zu fragen, warum Gott Sie nicht schon längst aus dieser schmerzvollen oder verwirrenden Situation herausgeführt hat. Ein Grund dafür liegt sicherlich darin, dass Gott verheißen hat, unser Leid in noch größere Freude zu verwandeln. Paulus' Leiden konnten ihn nicht lange am Boden halten, auch wenn sie äußerst schwer zu ertragen waren. Denn Paulus machte sich über sein eigenes Ergehen keine Sorgen. Wie viel Freude könnten wir inmitten von schweren Phasen unseres Lebens erfahren, wenn wir allein darauf fixiert wären, was Gott Großes durch diese Schwierigkeiten tun möchte – für uns, für andere und zu seiner Ehre.

Stecken wir mitten in einer Krise? Sind wir bereit, uns zu freuen und mehr von Gottes Möglichkeiten und seiner Güte zu erfahren? Zum Leiden berufen zu sein, ist in Wahrheit ein Vorrecht. Jede Anfechtung ist ein Geschenk. Sie ist eine Chance, Gottes Macht und übernatürliche Freude zu erleben und der Welt zu zeigen, dass die Nachfolge Jesu es wert ist, alles zu geben.

Freude – in der Stätte des Herrn

»Denn alle Götter der Völker sind Götzen, aber der Herr hat die Himmel gemacht. Majestät und Pracht sind vor seinem Angesicht, Kraft und Freude in seiner Stätte.«
1. Chronik 16,26-27

Immer und ausnahmslos streben wir nach den Dingen, von denen wir meinen, dass sie uns glücklich machen. Für manche ist das eine Beziehung zu einem ganz bestimmten Menschen. Andere wiederum verwirklichen sich den Traum eines eigenen Hauses. Wieder andere setzen alles daran, die Karriereleiter emporzusteigen. Was auch immer es sein mag, so haben doch alle Varianten eines gemeinsam: Mit Haut und Haaren verschreiben wir uns dem Streben, das jeweilige Ziel zu erreichen und setzen all unsere Energie und unser Potenzial dafür ein. Natürlich dürfen wir freien Herzens all die materiellen Dinge und auch die Beziehungen genießen, mit denen der Herr uns gesegnet hat. Doch wenn wir insgeheim denken, dass in ihnen der Schlüssel zum Glück verborgen ist, dann deshalb, weil wir – bewusst oder unbewusst – an der Tatsache zweifeln, dass Gott allein genügt.

Wir behaupten zwar, dass Gott allein unsere Bedürfnisse stillt, doch unser Handeln, in dem wir uns oft vor Sorgen zerfressen und hin und her geworfen sind, wenn die Dinge nicht wie gewünscht laufen, straft uns Lügen. Jesus sagt: »*Denn wo dein Schatz ist, da wird auch dein Herz sein*« (Mt 6,21). Wie reagieren wir, wenn uns etwas Wertvolles genommen wird? Laufen wir mit unserem Kummer und unserer Enttäuschung zu Jesus und klammern uns an ihn, oder lassen wir ihn außen vor und gehen unseren eigenen Weg, um den Verlust von lieb Gewordenem zu vermeiden oder rückgängig zu machen. Unsere Haltung gegenüber Gott in schwierigen Zeiten offenbart unseren wahren Glauben.

Echte Zufriedenheit werden wir niemals in den Dingen finden, die uns diese Welt anbietet – selbst wenn es an sich gute, positive Dinge sind –, weil wir darauf angelegt sind, unser Glück in Gott allein zu finden. Wahre Freude gibt es nur »in der Stätte des Herrn«, dort, wo er uns in eine noch tiefere Beziehung zu sich führt. Freude im biblischen Sinn ist der Indikator dafür, ob wir »in Gottes Stätte« wohnen. Göttlich gewirkte Freude entsteht, wenn wir in Harmonie mit Gott leben und alles daran setzen, um ihm zu gefallen. Wenn dieser Herzenswunsch Grundlage all unseres Strebens ist, dann sind wir »in Gottes Stätte«.

Bestehen wir jedoch darauf, unsere eigene Stätte zu errichten, so werden wir weder Freude erleben noch jemals an das Ziel kommen, das wir eigentlich erreichen wollten. Der Theologe und Pastor James Boice schrieb dazu:

»Wenn Sie denken, Sie könnten reich werden, indem Sie Gott dabei außen vor lassen und ihr Christsein verheimlichen, wird Gott Sie nah genug an den ersehnten Reichtum heranführen, um ihn zu schmecken, aber gleichzeitig in sicherer Entfernung halten, sodass Sie ihn nicht ergreifen können. Wenn Sie denken, Sie könnten zu einer Berühmtheit auf internationaler Showbusiness-Bühne werden, indem Sie Gott und seine Gebote auf dem Weg nach oben außen vor lassen, wird Gott Sie nah genug heranführen, um andere kennenzulernen und zu beneiden, die berühmt geworden sind, während Sie selbst niemals den Durchbruch schaffen. Sie glauben also, dass Gott nicht so handeln würde, weil er zu gut, zu freundlich ist? Doch, Gott würde so handeln. Er kann sich selbst nicht verleugnen und wird nicht zulassen, dass sich sein Kind durch eine Affenliebe zu irgend welchen Götzen selbst zerstört und ihm die Treue bricht.«[1]

Gottes Stätte hat Priorität, sei es in unseren Beziehungen, in unseren Familien oder in unseren Arbeitsverhältnissen, und er kann dort nur regieren, wenn unser Herz ihn auf den Thron gesetzt hat.

Was beobachten Sie, wenn Sie den Facettenreichtum ihres Alltags betrachten? Ist *Gottes Stätte* Ihre Heimat, oder haben Sie Ihre selbsterrichtete Stätte bezogen? Ob Sie Freude in Ihrem Leben erfahren oder nicht, kann Aufschluss darüber geben. Freude stellt sich überall dort ein, wo Gott im Regiment sitzt.

Freude – eine Folge
der Dankbarkeit

»Tut alles ohne Murren und Zweifel.«
Philipper 2,14

Dieser Befehl des Paulus scheint auf den ersten Blick unproblematisch, bis uns bewusst wird, das dort *»alles«* geschrieben steht. Haben Sie sich in letzter Zeit einmal über das Wetter geärgert? Wie war es, als Sie eine Halsentzündung hatten? Wenn wir uns über Nebensächlichkeiten beschweren, haben wir ja noch ein schlechtes Gewissen; doch wenn es um die wirklich schweren Zeiten in unserem Leben geht, beklagen wir uns unserer Meinung nach völlig zu Recht. Was bleibt uns auch anderes übrig, wenn unser Mann seine Arbeit verliert oder sich herausstellt, dass unser Kind an einer Lernschwäche leidet? Doch die Aufforderung des Paulus ist wörtlich gemeint. Paulus schreibt *»alles«* – und er meint auch *»alles«*. Und zwar deshalb, weil es nichts – aber auch wirklich nichts – unter der Sonne gibt, das Gottes vorhersehender Allmacht entgleitet.

Wenn wir über das Wetter mosern, hadern wir mit Gottes Schöpfungsordnung. Wenn wir uns beschweren, weil uns Krankheit oder Arbeitslosigkeit oder ein anderer Schicksalsschlag getroffen hat, tun wir bewusst oder unbewusst damit kund, dass Gott unsere Angelegenheiten nicht optimal regelt. Meckern ist eine der Blüten, die unser Stolz treibt, was wir dann am besten erkennen, wenn wir einmal genau auf den rebellischen Unterton achten.

Es gibt keinen Grund zur Beschwerde, wie auch immer sich die Umstände darstellen mögen, in die Gott uns stellt – Regen oder Schnee, Krankheit, Krisen unterschiedlichster Art. Er mutet uns diese Situationen zu, um uns zu segnen. Allerdings wird man blind sein für Gottes Segnungen, wenn man einen Geist der Unzufriedenheit pflegt. Beklagen wir uns über Schwierigkeiten, stehen wir uns selbst und unserer Erwartung der positiven Dinge im Weg und übersehen sie vielleicht, wenn sie dann tatsächlich eintreffen.

Aus diesem Grund brauchen wir Dankbarkeit so nötig. Wenn wir Gott danken für alle Umstände unseres Lebens, bringen wir unsere Überzeugung zum Ausdruck, dass er genau weiß, was er tut, und wir ihm vertrauen können.

Der Geist der Unzufriedenheit hat einen Gegenspieler: das dankbare Herz. »Sagt in allem Dank!«, schreibt Paulus. »Denn dies ist der Wille Gottes in Christus Jesus für euch« (1Thes 5,18). Manchmal ist Dankbarkeit mehr eine Willensentscheidung als ein Gefühl. Wir können uns entscheiden, Gott Dank zu sagen, auch wenn wir uns nicht danach fühlen. Gott gefällt es, wenn er unsere Bereitschaft zur Dankbarkeit sieht, denn sie beweist unser Vertrauen und unsere Bereitwilligkeit, mit der wir ihm die Führung überlassen. Wenn wir Dank opfern, wird das Gefühl von Dankbarkeit aufkommen, ehe wir uns versehen – und mit ihm verbunden hält auch die Freude Einzug. Gott liebt es, ein dankbares Herz zu segnen.

Freude – die folgt, wenn wir loslassen

»Ja, wirklich, ich halte auch alles für Verlust um der unüber-
trefflichen Größe der Erkenntnis Christi Jesu, meines Herrn,
willen, um dessentwillen ich alles eingebüßt habe und es für
Dreck halte, damit ich Christus gewinne und in ihm gefunden
werde – indem ich nicht meine Gerechtigkeit habe, die aus dem
Gesetz ist, sondern die durch den Glauben an Christus, die
Gerechtigkeit aus Gott aufgrund des Glaubens.«
Philipper 3,8-10

Es gibt nichts Größeres als ein Leben mit Jesus. Glauben
wir das wirklich? Wir kommen nicht umhin, denn dafür
sind wir geschaffen. Deshalb kann uns auch nichts anderes
tiefe, langanhaltende Freude und Befriedigung bescheren.
Wenn wir Gottes Wort vertrauen, dann wissen wir, das
dies die Wahrheit ist. Warum also unternehmen wir alles
Mögliche, um anderswo nach Erfüllung zu suchen? Es wird
nicht funktionieren – wenigstens nicht auf Dauer. Paulus
wusste, dass man die irdischen Segnungen des Lebens nur
dann wirklich genießen kann, wenn man sich nicht an sie
klammert. Paulus klammerte sich nicht an Irdisches, weil
er etwas weitaus Besseres gefunden hatte. Er hatte
entdeckt, dass das Leben ihm nichts bieten konnte, was

auch nur annähernd an ein Leben in Christus heranreichte. Aus diesem Grund strebte er nach größtmöglicher Unabhängigkeit von all den Dingen, die einer tiefen Gemeinschaft mit seinem Herrn hinderlich sein konnten.

Der Stellenwert Jesu in unserem Herzen lässt sich daran ablesen, was wir um seinetwillen und zugunsten einer ungetrübten Beziehung zu ihm aufzugeben und loszulassen bereit sind. Er lässt sich daran ablesen, wie wir darauf reagieren, wenn Gott uns etwas nimmt, was uns wertvoll ist. Werden wir zornig? Reagieren wir niedergeschmettert? Er nimmt uns nur das, was unser geistliches Wachstum hindert. Wehren wir uns – innerlich oder äußerlich – gegen unsere Lebensumstände, so macht das deutlich, dass Jesus nicht das Wichtigste für uns ist. Hätte er Priorität, so setzten wir alles daran, unserer Rebellion auf die Schliche zu kommen und sie zu bekämpfen.

Paulus verzichtete auf Ansehen, Macht, Einfluss, Freunde, Reichtum und schließlich auf sein eigenes Leben. Wissen wir von geistlichen Hindernissen in unserem Leben, sind aber nicht bereit, sie zugunsten einer neuen Tiefe der Beziehung zu Jesus aufzugeben? Vielleicht ist es eine Freundschaft zu einem anderen Menschen. Für manche ist es möglicherweise ein Beruf, ein Zuhause oder eine Ausbildung. Wiederum für andere kann es die Gesundheit bedeuten. Was auch immer es ist – wir werden Freude ernten, wenn wir bereit sind loszulassen.

Wahrscheinlich haben Sie den berühmten Satz des Missionars Jim Elliots schon einmal gehört, den er prägte, kurz bevor er um seines Glaubens willen ermordet wurde: »Der ist kein Tor, der gibt, was er nicht behalten kann, um zu gewinnen, was er nicht verlieren kann.« Jim hat gewusst, was auch Paulus wusste – und was auch wir erfahren können: Diejenigen, die lieb Gewordenes hinter sich lassen, um Christus zu folgen, werden es nicht bereuen.

Freude – jetzt und hier

»Brüder, ich denke von mir selbst nicht, es ergriffen zu haben; eines aber tue ich: Ich vergesse, was dahinten, strecke mich aber aus nach dem, was vorn ist; und jage auf das Ziel zu, hin zu dem Kampfpreis der Berufung Gottes nach oben in Christus Jesus.«
Philipper 3,13-14

Sowohl gute als auch schlechte Erlebnisse aus unserer Vergangenheit können uns sehr schwer zu schaffen machen. Schlimme Erinnerungen sind wie Treibsand in unserem Gemüt, der uns erbarmungslos in die Tiefe zieht. Erinnerungen an frühere Sünden machen uns besonders schwer zu schaffen, wenn wir die Auswirkungen noch bis in die Gegenwart zu spüren bekommen. Die Last zerbrochener Beziehungen oder die Reue hinsichtlich einer falschen Partnerwahl verfolgen uns oft jahrelang. Aber auch gute Erinnerungen können wie ein Dämpfer auf unser Gemüt wirken. Wenn wir unser Herz an konkrete Erlebnisse aus der Vergangenheit hängen und uns wehmütig an ihnen festkrallen, so sind wir geneigt, die negativen Aspekte dabei zu vergessen. Die Sehnsucht nach Vergangenem ist tückisch, wie Sara Groves in ihrem Lied *Painting Pictures of Egypt* zum Ausdruck bringt:

»Ich malte Bilder von Ägypten, doch ich malte nur das Schöne; das Negative ließ ich weg.
Die Zukunft scheint so schwer, deshalb möchte ich einfach nur zurück.«

An dieser Stelle endet das Lied allerdings noch nicht:

»Die Orte, an die ich immer wieder zurückkehrte, können die Dinge nicht festhalten, die ich dort lernte.
Aber dieser Weg war mir verschlossen, als mein Blick noch rückwärts gerichtet war.«

Paulus hatte sich entschieden, nicht mehr zurück in die Vergangenheit zu blicken. Er hat wahres Leben in der Gegenwart gefunden – *und in dem wahren Ziel, was vor ihm lag: in der Berufung Gottes in Christus.* Paulus hatte den Entschluss gefasst, Vergangenes zu vergessen. Für ihn war das keine einfache Angelegenheit. Für sein Leben mit Jesus hatte er hat viel aufgeben müssen. Wenn wir Jesus angehören, ist das, auf das wir zusteuern, um vieles großartiger als das, was wir zurücklassen. Bei Salomo lesen wir: »*Sage nicht: Wie kommt es, dass die früheren Tage besser waren als diese? Denn nicht aus Weisheit fragst du danach*« (Pred 7,10). Halten Sie noch an Vergangenem fest? Verwenden Sie unverhältnismäßig viel Zeit und Energie darauf, die gute alte Zeit lebendig zu halten? Wenn dem so ist, dann wird die Ausbeute an Freude in der Gegenwart gering sein. Wir können eine Bereitschaft einüben, die Vergangenheit loszulassen und uns auf alles das zu konzentrieren, was wir in Jesus haben – hier, heute und in Ewigkeit.

Freude – im Blick
auf die Ewigkeit

*»Denn unser Bürgerrecht ist in den Himmeln, von woher wir
auch den Herrn Jesus Christus als Retter erwarten, der unseren
Leib der Niedrigkeit umgestalten wird zur Gleichgestalt mit
seinem Leib der Herrlichkeit, nach der wirksamen Kraft, mit
der er vermag, auch alle Dinge sich zu unterwerfen.«*
Philipper 3,20-21

Durch Geburtsrecht oder Einbürgerung sind wir alle
Bürger eines bestimmten Landes, und aufgrund dieser
Staatsangehörigkeit kann die Regierung bestimmte
Ansprüche an uns stellen. Wir müssen uns beispielsweise
an Gesetze halten und Steuern bezahlen. Unabhängig
davon, wo wir leben, sind wir in erster Linie in keinem
irdischen Land beheimatet. Wenn wir zu Jesus gehören,
dann sind wir in erster Linie Bürger des Reiches Gottes.
Und in diesem Land finden wir unser Glück.

Die Freude, die Paulus bestimmte, rührte größtenteils
daher, dass er sich seiner Zugehörigkeit zum Volk Gottes
und seines ewigen Zuhauses bewusst war. Er fieberte dem
Tag entgegen, an dem seine geistliche Staatsangehörigkeit
reale Gestalt annehmen würde. Er lebte in der Erwartung,
Jesus einmal von Angesicht zu Angesicht gegenüber zu

stehen und Christusgestalt annehmen zu dürfen. Und er war sich gewiss, dass dieser Zeitpunkt kommen würde, weil er Gottes Verheißungen vertraute.

Wir sind Bürger dieses einen himmlischen Reiches, doch oftmals folgt aus diesem Wissen nicht die Freude, die Paulus so erfüllte. Wir neigen wenig zu ewigkeitsgerichtetem Denken. Anstatt der Wiederkunft Jesu entgegenzufiebern drehen wir uns um unsere Familien, unseren Beruf, unser Zeitmanagement, das liebe Geld und unser tägliches Wohlergehen. Wir modellieren unser Leben um unser eignes Wohlgefühl herum. Wir würden es zwar nie zugeben, aber der Himmel erscheint uns weit weg und fast unwirklich. Schließlich müssen wir ja im Heute leben und zurechtkommen; über Jesus und die Ewigkeit können wir uns noch Gedanken machen, wenn die Zeiten entspannter werden. Aber Paulus hatte mindestens genauso viele Alltagssorgen wie wir. Er zog die richtige Konsequenz daraus und traf eine Entscheidung, worauf er seine Hoffnung setzen wollte – eben nicht auf optimale und vorteilhafte Lebensumstände.

Wir stehen täglich vor genau derselben Wahl. Paulus' innere Haltung war die Folge einer Entscheidung, und das, worauf er seine Aufmerksamkeit bewusst richten wollte, bewirkte eine große Freude in ihm. Wir Frauen neigen oft zu pragmatischem Denken – was funktioniert, probieren wir aus. Allzu häufig gehen wir danach, was gut funktioniert. Nicht so Paulus. Er sah auf die Erlösung in Jesus Christus, die Gott für ihn bereits erwirkt hatte, und darauf, was dieses großartige Werk für seine Ewigkeit bedeutete. Paulus war beim besten Willen kein unverbesserlicher

Optimist, der jeder Schwierigkeit immer noch etwas Gutes abgewinnen konnte. Er betrachtete schlichtweg die Realität – seine Heimat im Reich Gottes. Wenn wir zu Christus gehören, dann ist dieses ewige Reich auch unsere Heimat. Verglichen mit der Ewigkeit ist unser Leben hier auf der Erde im wahrsten Sinne des Wortes nur ein kleiner Augenblick, und trotzdem nimmt uns das, was in diesem kleinen Augenblick geschieht, so unglaublich gefangen. Paulus hatte das zutiefst verstanden, und deshalb war seine Verbundenheit mit der ewigen Welt keine Verdrängungstaktik. Die ewige Welt war für ihn Realität. Genau wie für uns.

Freude – durch ein Leben in der Nachfolge

> »Ich habe mich aber im Herrn sehr gefreut, dass ihr endlich einmal wieder aufgeblüht seid, an mich zu denken, worauf ihr eigentlich auch bedacht wart, aber ihr hattet keine Gelegenheit. Nicht, dass ich es des Mangels wegen sage, denn ich habe gelernt, mich darin zu begnügen, worin ich bin.«
> Philipper 4,10-11

Die Werbung vermittelt Botschaften wie: »Finde deinen eigenen Weg«, und: »Es gibt Dinge, die kann man nicht kaufen. Für alles andere gibt es MasterCard.« Individuelle und sofortige Befriedigung – so lautet der Titel des allseits beliebten Spiels, dass sich »Konsum« nennt. Vielleicht ist es deshalb für uns so schwierig, die wir in einer Konsumgesellschaft geboren und aufgewachsen sind, die Art von Zufriedenheit zu erleben, die Paulus erfüllte. In Zeiten, in denen alles gut läuft, empfinden wir durchaus etwas wie Zufriedenheit, doch in schweren Zeiten ticken die Uhren ganz anders. Die Werbung bestärkt uns nur noch darin, weil sie uns mit all den Dingen bombardiert, die man zu seinem Glück »unbedingt haben muss«. Gezielt bekommen wir den Eindruck vermittelt, dass wir ohne ein bestimmtes Haus oder Auto, ohne eine bestimmte Haarfarbe oder Typ von Lebenspartner zum Unglücklichsein verdammt sind.

Paulus war nicht blauäugig, was die Freuden und Vorzüge anging, die materieller Wohlstand mit sich bringt. Er war mit den angenehmen Dingen des Lebens durchaus vertraut. Paulus wuchs in weit besseren sozialen Verhältnissen auf als die meisten Männer seiner Zeit und hatte eine erstklassige Ausbildung genossen. Aber sein neues Leben als Wanderprediger und Missionar erforderte das Loslassen seiner Privilegien, die ihm ursprünglich in die Wiege gelegt waren. Trotzdem war er zufrieden. Genau genommen war er zufriedener als vorher, als er nach weltlichen Maßstäben beurteilt noch alles besaß.

Wenn wir Jesus wirklich nachfolgen, werden wir immer an einen Punkt kommen, wo wir auf die eine oder andere Annehmlichkeit, die die Welt uns bieten möchte, verzichten müssen. Wenn wir in solch eine Situation kommen, dann können wir auf dreierlei Weise reagieren: Entweder lassen wir freien Herzens los und erachten es nicht als Verlust, so wie Paulus es tat. Oder wir versuchen, uns an die Sache, die es loszulassen gilt, zu klammern und sie irgendwie noch in unser Glaubensleben zu integrieren. Die dritte Möglichkeit wäre, die Nachfolge Jesu zu quittieren und uns von ihm zu distanzieren. Wir wissen ganz genau, dass nur einer dieser drei Wege von Freude begleitet sein wird. Warum zögern wir dann noch? Warum halten wir so verbissen an Dingen fest, die uns auf unserem Weg mit Gott nur hinderlich sind? Der Theologe und Autor J. I. Packer macht deutlich, woher unser Mangel an Bereitschaft rührt:

»Wir schrecken vor dem Bruch mit gesellschaftlichen Konventionen zurück, den die Nachfolge Jesu zuweilen erfordert, weil wir fürchten, dass das soziale Gefüge um uns herum zusammenbrechen und wir unsere Sicherheit verlieren könnten. Es handelt sich dabei mehr um halbbewusste Ängste und eine diffuse Furcht vor Haltlosigkeit als um eine bewusste Weigerung, die Kosten der Nachfolge Christi tragen zu wollen. Wir haben das Gefühl, dass uns das Risiko konsequenter Nachfolge zu hoch ist, als dass wir es eingehen könnten. Mit anderen Worten: Wir sind uns der Allgenügsamkeit Gottes nicht sicher und haben unsere Zweifel, ob Gott für die Bedürfnisse all derer zu sorgen vermag, die sich auf Christi Ruf hin mit Kopf und Kragen in ein unkonventionelles Leben hineinbegeben. ...

Die Angst davor, in Bezug auf die Unterordnung unter Gottes Autorität aufs Ganze zu gehen, lähmt uns. Sie rührt daher, dass wir insgeheim daran zweifeln, dass er ausreichend für uns sorgt, wenn wir uns seiner Herrschaft unterstellen.... Wir haben keinen unverhältnismäßigen Mangel oder ruinöse Verarmung zu befürchten; wenn Gott uns etwas versagt oder vorenthält, geschieht das einzig und allein zu dem Zweck, Platz zu schaffen für andere Dinge, die er uns schenken möchte.«[2]

Sind wir dazu bereit? Kein anderer Weg führt zur Freude.

Freude – eine Frucht der Weisheit

*»Narrheit ist dem Unverständigen Freude, aber
ein verständiger Mann geht den geraden Weg.«*
Sprüche 15,21

Es gibt *redliche* Freude und *verhängnisvolle* Freude, und manchmal ist es schwer, den Unterschied zu erkennen. Ein weiterer Vers aus dem Buch Sprüche drückt es so aus: *»Da ist ein Weg, der einem Menschen gerade erscheint, aber zuletzt sind es Wege des Todes«* (Spr 14,12). Eine Herausforderung, der wir uns täglich stellen müssen, ist die Unterscheidung dessen, was wirklich richtig ist, von dem, was sich einfach nur gut anfühlt.

»Aber die Bibel spricht nicht immer in meine Situation hinein«, denken Sie jetzt vielleicht. Doch, die Bibel spricht immer in Ihre Situation und in die jedes Einzelnen hinein. Wenn wir der Meinung sind, dass dem nicht so ist, liegt das wahrscheinlich daran, dass wir nur nach den Schwarz-weiß-Antworten suchen. Davon gibt es ja in der Tat viele in der Bibel. So lesen wir dort zum Beispiel ein unmissverständliches Nein zur Eheschließung mit einem Ungläubigen oder zum Missbrauch von Alkohol. Antworten auf andere Fragen erschließen sich, wenn wir uns in das Wort Gottes als Ganzes vertiefen. Dabei merken wir dann, wie es Schritt für Schritt unsere Entscheidungsfindung prägt und uns hilft, im Einzelfall richtig zu handeln. Wir beginnen, mehr nach Weisheit zu streben als nach Schwarz-weiß-Antworten zu suchen. Je besser wir Gott kennenlernen, desto deutlicher kristallisiert sich auch sein Wille für uns in einer konkreten Situation heraus. Und der Weg, ihn besser kennenzulernen, ist die Beschäftigung mit seinem Wort. Wer sich ins Wort vertieft, vertieft sich in Gottes Charakter.

Es gibt jedoch Situationen, in denen wir uns trotz intensiven Bibelstudiums und Gebets nicht sicher sind, was wir tun sollen. Könnte es vielleicht sein, dass wir es in Wirklichkeit gar nicht wissen wollen? Möglicherweise haben wir Gefallen an einer bestimmten Sache gefunden – einer Freundschaft, einem Zeitvertreib, einer Lieblingsbeschäftigung – und wir wittern, dass uns bei zu genauem Hinsehen deutlich würde, dass Gottes Ehre und unser Weg in der Nachfolge dadurch Schaden leiden. In gewisser Weise ahnen wir, dass Gott es nicht gut heißt. »Wer nun weiß, Gutes zu tun und tut es nicht, dem ist es Sünde« (Jak 4,17). Unsere Reaktion auf einen weisen Rat ist dabei ein Hinweis auf unsere innere Haltung: Beherzigen wir ihn, oder sträuben wir uns mit lauter Gegenargumenten? Eins ist so gut wie sicher: Schlagen wir die Ratschläge geistlicher Menschen in den Wind und folgen nur unserem eigenen Kopf, müssen wir mit negativen Konsequenzen rechnen.

Die Weisheit enttarnt die Freuden, mit denen die Welt lockt, als Torheit, kehrt ihnen den Rücken zu und geht ihres Weges. Wenn wir das beherzigen, liegen wir richtig. Auch wenn wir so manches zurücklassen müssen, werden wir echte Freude nur auf den Wegen der Weisheit finden.

Freude – eine Frucht des Wartens

»Der Feigenbaum blüht nicht, und an den Reben ist kein Ertrag. Der Ölbaum versagt seine Leistung, und die Terrassengärten bringen keine Nahrung hervor. Die Schafe sind aus der Hürde verschwunden, und kein Rind ist in den Ställen. Ich aber, ich will in dem Herrn frohlocken, will jubeln über den Gott meines Heils.«
Habakuk 3,17-18

Der Prophet Habakuk konnte nicht verstehen, warum Gott seine Gebete nicht zu erhören schien. *»Wie lange, Herr, rufe ich schon um Hilfe, und du hörst nicht!«* (Hab 1,2). So schreit er zu Gott. Das Böse hatte Hochkonjunktur zu Habakuks Zeiten. Das Volk Gottes litt darunter, doch Gott schien einfach nichts dagegen zu unternehmen.

Wir alle können uns sehr gut in Habakuk hineinversetzen. Die Dinge laufen furchtbar schief, und obwohl wir Gott anflehen, er möge doch eingreifen, geschieht einfach nichts. Gesetze werden verabschiedet, die eine Abtreibung auch noch im fortgeschritteneren Stadium einer Schwangerschaft ermöglichen. Eine Lehrerin wird entlassen, weil sie in der Weihnachtszeit eine Krippenszene im Klassenzimmer aufgebaut hat. Ein Arzt infiziert sich durch die Behandlung eines AIDS-kranken Unfallopfers mit dem HIV-Virus. Einen Tag vor ihrem Entbindungstermin erfährt eine werdende Mutter, dass das Herz ihres Kindes aufgehört hat zu schlagen. Wir könnten noch seitenweise Beispiele wie diese aneinanderreihen. Von einigen haben wir gehört – und einige haben wir selbst erlebt. Wo ist Gott in all diesen Situationen?

Wir werden niemals echte Freude im Herrn erfahren, wenn wir alles zu verstehen versuchen, was in der Welt um uns herum oder in unserem eigenen Leben geschieht. Der einzige Weg zur Freude ist, die Umstände im Lichte Gottes und nicht Gott im Lichte der Umstände zu betrachten. Gottes Wege sind für uns oftmals rätselhaft. Manchmal handelt er nicht so, wie wir es von einem allmächtigen und liebenden Vater erwarten würden, und wir merken, dass wir seine Güte, seine Allmacht und seine Fürsorge für uns in Frage stellen. Allerdings lassen wir dabei ganz außer Acht, wie klein unser Verständnis für die großen Zusammenhänge ist im Gegensatz zu Gottes vollkommenem Durchblick. Unser menschlicher Verstand kann unmöglich begreifen, dass alles, was in der Welt um uns her und im Leben eines jeden Einzelnen geschieht, das Ergebnis des souveränen Handelns und Lenkens unseres Gottes ist und seinen Kindern zum Guten und ihm zur Ehre gereicht.

Eines Tages werden wir es verstehen, doch im Heute stellt sich nur dann Freude bei uns ein, wenn wir vertrauen, wie Habakuk es tat. Anstatt Gott anhand des Sichtbaren zu beurteilen, suchte Habakuk das Angesicht des Herrn, und der Herr antwortete ihm:

»Denn das Gesicht gilt erst für die festgesetzte Zeit, und es strebt auf das Ende hin und lügt nicht. Wenn es sich verzögert, warte darauf; denn kommen wird es, es wird nicht ausbleiben« (Hab 2,3).

Habakuk empfing ein Wort von Gott, dass für Gottes Volk alles gut ausgehen werde. Jetzt war es nur noch an ihm, sich auf dieses Wort zu verlassen und auf Gottes Timing zu warten. Habakuk konnte die Dinge auf lange Sicht hin betrachten, weil er Gott vertraute. Und so hielt die Freude in seinem Herzen Einzug.

Diese Wahl können wir genauso gut treffen, weil auch wir Gottes Wort haben, das uns verheißt, *»dass uns alle Dinge zum Guten mitwirken«* (Röm 8,28). Wenn Gottes Zeitpunkt gekommen ist – sei es global oder individuell gesehen –, wird seinem Handeln nichts im Wege stehen. In der Zwischenzeit jedoch stellt sich Freude ein, wenn wir uns darauf besinnen, dass Gott treu zu seinen Verheißungen steht – mag es auch noch so finster um uns herum sein. Er wird ganz sicher handeln.

Freude – redlich oder selbstsüchtig

»Und Haman ging an diesem Tag fröhlich und guten Mutes fort. Als aber Haman Mordechai im Tor des Königs sah und dass er nicht aufstand und ihm keine Ehrfurcht erwies, da wurde Haman von Zorn über Mordechai erfüllt.«
Ester 5,9

Freude ist nicht immer vom Herrn. Es gibt Freude, die einer persönlichen Genugtuung entspringt, und diese Art finden wir bei Haman. Haman war ein Feind der Juden, des Volkes Gottes. Dementsprechend stellte er eine Bedrohung für sie dar – nicht zuletzt bedingt durch seine hohe Position, die er am Hof des persischen Königs Ahasveros innehatte, einem der mächtigsten Regenten der damaligen Zeit.

Haman war fröhlich und guten Mutes, denn die Dinge liefen, wie er es sich vorgestellt hatte. Königin Ester hatte soeben darum gebeten, dass Haman und der König an einem Festmahl teilnehmen, das sie selbst für sie bereiten wollte. Dinner mit dem König und der Königin! Haman hatte es geschafft! Sein Einfluss wuchs, und er fühlte sich gut, weil auch das Leben gut zu ihm war. Er konnte also seine Macht spielen lassen und mit den Juden umgehen, wie es ihm beliebte.

Natürlich verurteilen wir Haman für solch ein Verhalten, aber wie oft entspringt die Freude, die wir empfinden, dem Profit unseres Ichs? Mit unserem Bibelwissen sind wir den übrigen Mitgliedern unseres Hauskreises überlegen. Unser Schweiß, den wir im Fitnessstudio vergossen haben, zahlt sich aus: Wir sehen besser aus als die anderen Frauen auf der Party. Wir heiraten den Mann, der von vielen anderen Frauen umschwärmt wurde. Selbstsüchtiger Freude in unserem Herzen auf die Spur zu kommen, ist ein schwieriges Unterfangen, denn für viele Facetten unserer sündigen Natur sind wir schlicht und ergreifend blind. Doch selbstsüchtige Freude verrät sich durch ihr flüchtiges Wesen. Hamans Freude war schlagartig verflogen, als er das Tor des Königs verließ und Mordechai begegnete. Mordechai ließ sich von Haman weder täuschen noch einschüchtern und zeigte ihm dementsprechend nicht allzu viel Respekt. Er verhielt sich nicht unterwürfig und ließ sich durch Hamans Einfluss nicht sonderlich beeindrucken. In einem einzigen Augenblick verwandelt sich Hamans Wohlgefühl in Zorn. Freude kann nur dann anhalten, solange ihre Quelle erhalten bleibt. Und weil Haman die Quelle seiner Freude – die Größe und Bedeutung seiner eigenen Person – durch Mordechai gefährdet sah, schwand sie augenblicklich dahin.

Ähnlich geht es uns manchmal. Selbstsüchtige Freude ist auf einen für uns günstigen Lauf der Dinge angewiesen, sodass wir mit Zorn, Angst oder Depression reagieren, wenn das, worauf sich unsere Freude gründet, aus dem Gleichgewicht gerät. Freude ist eine Folge der Anbetung. Wenn wir aber uns selbst, eine Beziehung, unseren Beruf, unser Haus oder unsere körperliche Fitness auf den Thron setzen, werden wir in einem Verhaltensmuster hängen bleiben, das auch Haman an den Tag legte. Haman meinte, nicht locker lassen zu können, bis er mit Mordechai fertig war und den Mann vernichtet hatte, durch den sein sündiges Wohlgefühl ins Wanken geraten war. So begann er damit, Umstände zu manipulieren, um eben dieses Wohlgefühl wiederzuerlangen. Die Geschichte ging für Haman am Ende nicht gut aus. Er verlor seine Position, seinen Einfluss und schließlich auch sein Leben.

So ergeht es uns, wenn wir uns selbst verherrlichen und unser Herz darauf richten, unser Leben durch die Annehmlichkeiten dieser Welt aufzuwerten. Wahre, dauerhafte Freude entspringt der Anbetung einer zuverlässigen Größe – Jesus Christus. Stellen wir fest, dass unsere Freude ein flüchtiges Wesen hat – mal ist sie da, mal wieder nicht? Werden wir leicht zornig, wenn die Dinge nicht so laufen, wie wir es uns gedacht haben, wenn wir etwas verlieren, wofür wir lange und hart gearbeitet haben oder wenn jemand anderes etwas bekommt, das wir selbst gern gehabt hätten? Wenn dem so ist, dann könnte es sein, dass die Freude, die wir anfänglich empfanden, nicht die geistgewirkte Freude war, die Gott für uns vorgesehen hatte. Seine Freude ist bleibender Natur.

Freude – auf dem Weg des Lebens

»Du wirst mir kundtun den Weg des Lebens;
Fülle von Freuden ist vor deinem Angesicht,
Lieblichkeiten in deiner Rechten immerdar.«
Psalm 16,11

Tiefe, anhaltende Freude – Fülle von Freuden – gibt es nur in der Gegenwart Gottes. Deshalb gibt es auch einen Zusammenhang zwischen der Freude, die wir erleben, und unserer Beziehung zum Herrn. Natürlich brechen auch Schwierigkeiten über uns herein, bringen unsere Gefühle ins Wanken und lassen Gott weit entfernt erscheinen. Es gibt solche Situationen, in denen wir Gottes väterliche Erziehungsmaßnahmen zu spüren bekommen, die alles andere als Freude in uns auslösen. *Alle Züchtigung scheint uns zwar für die Gegenwart nicht Freude, sondern Traurigkeit zu sein; nachher aber gibt sie denen, die durch sie geübt sind, die friedvolle Frucht der Gerechtigkeit*« (Hebr 12,11). Tatsache ist hingegen, dass wir Freude empfangen können, wenn wir uns in Gottes Gegenwart aufhalten.

Nur in der engen Beziehung zu Gott erfahren wir, wer er wirklich ist. Wir können gute christliche Bücher lesen, Glaubenskonferenzen mit klarer Wortverkündigung

45

besuchen und die meiste Zeit mit anderen Gläubigen verbringen – christliche Aktivitäten werden uns nicht die Fülle der Freude bescheren, von der der Psalmist hier schreibt. Freude wird nur dann heranreifen, wenn diese Aktivitäten uns wirklich näher zu Gott bringen. Er ist ein Gott der Beziehungen, und er hat uns zu inniger Gemeinschaft mit ihm geschaffen. Diejenigen, bei denen die Freude aus allen Knopflöchern strahlt, leben in enger Gemeinschaft mit Gott.

Durch seine enge Beziehung zu Gott hatte der Psalmist David gelernt, Gottes Handeln in seinem Alltag zu verstehen und einzuordnen. Er machte die Erfahrung, dass all das Gute, das ihm in seinem Leben widerfuhr, direkt aus Gottes Hand kam (Ps 16,2). Er wusste, dass Gott auch die kleinste Kleinigkeit in seinem Leben unter Kontrolle hatte, sodass er bekennen konnte: »*Die Messschnüre sind mir gefallen auf liebliches Land; ja, mein Erbteil gefällt mir*« (V. 6). Er hatte den Ratschluss Gottes bereits in ganz unterschiedlichen Umständen kennengelernt (V. 7). David konnte selbst in den Stürmen des Lebens seinen inneren Frieden bewahren (V. 8). Dies sind die Früchte einer engen Gemeinschaft mit Gott, etwas, das er sich für jeden von uns wünscht.

Doch wie kommen wir dorthin? Wir sollten uns an David orientieren, der sagen kann: »*Ich habe den Herrn stets vor Augen*« (V. 8). Es gibt Unmengen von Seminaren und Büchern, die sich mit der Gestaltung einer guten Ehebeziehung befassen, doch wie viel wichtiger ist es, dass unsere Beziehung zu Gott stimmt! Wir brauchen keine zehn Ratschläge für ein intensiveres geistliches Leben. Was wir wirklich brauchen ist die Bereitschaft, Gott Herr sein zu lassen über unsere Gedanken, unsere Zeit und unsere Aktivitäten und ihm zu gestatten, die Prioritäten zu setzen. Wenn wir uns von seinem Wort leiten lassen, werden wir sehen, dass er uns liebend gerne »*den Weg des Lebens*« kundtun möchte und den Weg, den wir Tag für Tag gehen sollen. Wir werden erfahren, was Glück wirklich heißt und was David mit der »*Fülle von Freuden*« meinte.

Freude – eine Folge des Ausharrens

»Denn einen Augenblick stehen wir in seinem Zorn,
ein Leben lang in seiner Gunst; am Abend kehrt
Weinen ein, und am Morgen ist Jubel da.«
Psalm 30,6

Manchmal ist Freude sauer verdient. Wir müssen sie uns regelrecht erkämpfen.[3] Ist der Kampf jedoch besonders hart, sind wir versucht, die Segel zu streichen und uns mit sehr viel weniger zufrieden zu geben. Wenn wir doch das Ziel – die Freude – im Blick behalten würden! In einer Kultur wie der unsrigen, in der das Nichtwartenkönnen und sofortige Bedürfnisbefriedigung an der Tagesordnung sind, gilt Ausharren als eine außergewöhnliche Tugend, die nur einige besonders Auserwählte auszeichnet. Dementsprechend leicht geben wir auch auf. Anstatt mit Gott zu ringen und uns durch schwere und niederschmetternde Lebensphasen durchzubeißen, nehmen wir eine Tablette. Anstatt wahrhaben zu wollen, dass oftmals die Sünde für unsere Beziehungsprobleme verantwortlich ist, schieben wir unserer Erziehung die Schuld in die Schuhe. Ist es dann verwunderlich, dass uns anhaltende Freude so selten begegnet?

Die täglichen Sünden und ihre Auswirkungen – Sünden in unserem eigenen Leben und dem der anderen – betrüben Gott in hohem Maße. Doch Gottes Unmut ist für seine Kinder niemals das Ende des Weges. Im Gegensatz zu menschlichen Eltern straft Gott niemals im Zorn. Sein Ziel ist es immer, zu korrigieren und zu erlösen, nicht zu strafen. Jesus trug Gottes Zorn – Zorn über *jede* Sünde, die *jeder* Christ *jemals* begangen hat und begehen wird. Deswegen gilt: »*Was ihr erduldet, ist zur Züchtigung: Gott behandelt euch als Söhne. Denn ist der ein Sohn, den der Vater nicht züchtigt? ... Alle Züchtigung scheint uns zwar für die Gegenwart nicht Freude, sondern Traurigkeit zu sein; nachher aber gibt sie denen, die durch sie geübt sind, die friedvolle Frucht der Gerechtigkeit*« (Hebr 12,7.11). Die Folgen der Sünde sind schmerzhaft und oftmals sehr langwierig. Manchmal haben wir ein Leben lang unter ihnen zu leiden. Gott könnte ihnen ein Ende setzen – und bisweilen tut er es auch. Doch wenn er anders handelt und sie fortdauern lässt, dann dient es unserer Erziehung. Er will uns nicht strafen, sondern lehren. Die Art der Züchtigung ist ein wesentlicher Bestandteil seiner nie endenden Liebe zu uns.

Ein Teil des Kummers, mit dem wir uns täglich herumplagen müssen, entspringt nicht so sehr unserer eigenen Sünde als vielmehr der Sündhaftigkeit der gefallenen Welt, in der wir leben. So gesehen, ist Leid immer eine Folge der Sünde, wenn es auch nicht immer unsere eigene ist. Geben wir deshalb auf? Werden wir der Hoffnung den Rücken kehren, wenn wir den Eindruck haben, dass wir die Dinge einfach nicht mehr ertragen können? Greifen

wir dann stattdessen nach den kurzlebigen und oberflächlichen Freuden des Lebens? Weil sie uns in Massen ange-
boten werden, ist der Griff danach schnell getan. Viele
wählen diesen Weg und verpassen die überfließende
Freude, die Gott uns in Christus schenken will.

Ihre persönliche Methode der schnellen Bedürfnisbefriedigung mag sich zwar von der meinen unterscheiden,
doch Tatsache ist, dass wir alle eine zur Hand haben. Für
die einen ist sie so nah wie der Kühlschrank oder das
Internet. Die anderen wechseln ihre Arbeitsstelle oder
ziehen an das andere Ende der Republik. Wie auch immer
sie aussieht: Enttarnen Sie sie. Das Klagelied mag – und
wird – uns die Nacht hindurch wachhalten. Doch auf
diejenigen, die dem Herrn vertrauen, wartet am darauffol-
genden Morgen die Freude. Und manchmal dämmert der
Morgen schon, ohne dass wir es bemerken.

Freude – eine Folge der Vergebung

»Lass mich Fröhlichkeit und Freude hören, so werden die Gebeine frohlocken, die du zerschlagen hast. Verbirg dein Angesicht vor meinen Sünden, und tilge alle meine Schuld!«
Psalm 51,10-11

Ein Kind Gottes kann in einem Zustand der Abtrünnigkeit nie wirklich glücklich sein. Was für eine Gnade! Wenn wir auf sündige Wege geraten, legt Gott uns schwere Lasten auf, um uns zu sich zurückzuziehen. Eine der ersten Dinge, die er uns in solchen Situationen nimmt, ist unsere Freude. Obwohl es ihn tief verletzt, wenn wir ihm den Rücken zukehren und uns der Sünde zuwenden, lässt er uns nicht los. Es ist eine Eigenschaft der göttlichen Liebe, dass sie denen nachgeht, die fortlaufen. Doch je länger wir auf der Flucht sind, desto schmerzhafter wird es, wenn Gott uns auf den Fersen ist. Wir kommen dann irgendwann an einen Punkt, an dem Gott uns an unsere Sünde ausliefert. Er lässt uns in unserer Eigenwilligkeit und Sturheit zurück, nicht weil er es leid ist oder uns gar aufgibt, sondern weil er uns zur Buße bewegen möchte. In seinen Predigten wies der Theologe und Pastor James Boice gelegentlich auf die Tatsache hin, dass wahre

Gläubige niemals so tief in Sünde fallen können, dass sie in der Gefahr stehen, ihr Heil zu verlieren, weil Gott zuvor auf zwei möglichen Wegen eingreifen wird: Entweder lässt er unser Elend so groß werden, dass wir ihn bitten, uns herauszuholen, oder er wird uns aus dem Leben nehmen. Für welchen Weg er sich auch entscheiden mag – es ist der Weg unseres guten Hirten, der uns niemals aufgibt.

Wir sollten es jedoch nicht so weit kommen lassen und uns so tief in Sünde verstricken, dass solch drastische Maßnahmen notwendig werden, um uns zurückzubringen. Wir können unnötigen Kummer vermeiden, indem wir die Last nicht ignorieren, die der Heilige Geist zur Überführung von Sünde auf unser Gewissen legt. Setzen wir unseren sündigen Weg jedoch weiter fort, werden wir zwangsläufig die geistgewirkte Stimme unseres Gewissens zum Schweigen bringen. Der Psalmist beschreibt es sehr treffend:

>»Als ich schwieg, zerfielen meine Gebeine durch mein Gestöhn den ganzen Tag. Denn Tag und Nacht lastete auf mir deine Hand; verwandelt wurde mein Saft in Sommergluten. So tat ich dir kund meine Sünde und deckte meine Schuld nicht zu. Ich sagte: Ich will dem Herrn meine Übertretungen bekennen; und du, du hast vergeben die Schuld meiner Sünde« Psalm 32,3-5.

Der Psalmist hielt es unter dieser erdrückenden Last nicht mehr aus. Als König David – aus dessen Feder Psalm 32 und auch Psalm 51 stammen – Buße tat, begriff er, dass Überführtwerden von Sünde Gnade bedeutet. Wenn wir die Sünde jedoch ignorieren, stumpft unser Gewissen ab; dann läuten die Alarmglocken des Heiligen Geistes nur noch unbemerkt in ganz weiter Ferne. Schon lange erschreckt uns die Sünde nicht mehr, und wir fragen uns, was wir früher eigentlich so schlimm daran fanden. Solch ein Zustand ist sehr bedenklich, weil es ein Zeichen für Gottes Gericht ist. Er liefert uns dem aus, was wir in dem Moment so heiß begehren, um uns deutlich zu machen, dass wir es in Wirklichkeit überhaupt nicht wollen.

In Davids Sündenbekenntnissen kamen die Reue über seine Sünde und seine Umkehr zum Herrn immer sehr klar zum Ausdruck. Er wollte wieder zurück zu der Freude, die er einst hatte. Und als er Buße getan hatte, konnte er Gott ganz freimütig darum bitten, ihm neue Freude zu schenken.

Drückt Sie das Wissen um Sünde in Ihrem Leben nieder, vor der Sie bisher die Augen verschlossen haben? Wenn das der Fall ist, dann kann ich Ihnen sagen, dass Sie in Wirklichkeit nicht glücklich mit Ihrer Situation sind. Genauer betrachtet, werden Sie erschrocken sein über sich selbst, wenn Sie einmal innehalten und intensiver hinsehen. Schieben Sie es nicht hinaus. Laufen Sie zurück zum Herrn, der bereits auf Sie wartet, und bitten Sie ihn, Ihre Freude zu erneuern.

Freude – ist dort, wo wir zu Hause sind

»Es sehnt sich, ja, es schmachtet meine Seele nach den Vorhöfen des Herrn, mein Herz und mein Leib, sie jauchzen dem lebendigen Gott entgegen.«
Psalm 84,3

Wer sich nach Gottes Gegenwart sehnt und sie beständig sucht, weil er sie einmal geschmeckt hat, weiß um die großartige Freude, die daraus entspringt. Können wir die Worte des Psalmisten nachvollziehen? Kennen wir diese Sehnsucht? Wenn nicht, könnte es daran liegen, dass »Konkurrenz« existiert. Anstatt innerlich nach Gott zu verlangen, sehnen wir uns nach einem wohlgeordneten Leben, und in Wahrheit schmachtet unsere Seele nicht nach ihm, sondern nach einem Ehemann, einem Baby, einem eigenen Haus oder einer Beförderung. Wir verschwenden so viel Energie auf die weit unter unseren Möglichkeiten angesiedelten Freuden, dass wir keinen Gefallen mehr an der wahren Freude finden. C. S. Lewis gebrauchte einmal ein einprägsames Bild: Wir ziehen es vor, in Matschpfützen zu spielen, obwohl wir einen Strandurlaub machen könnten.

Es gibt nur einen Weg zurück dorthin, wo Leib und

Seele wie bei David nach dieser Freude dürsten: Gott muss unser Zuhause sein. Was eigentlich macht ein Zuhause aus? Zu Hause legen wir unsere Masken ab. Zu Hause können wir ehrlich sein und sagen, was uns auf dem Herzen liegt. Zu Hause müssen wir nicht unbedingt Makeup tragen und uns nach den geltenden Etiketteregeln benehmen. Wir können freimütig darauf vertrauen, dass uns die Menschen, die mit uns zusammen leben, so haben wollen, wie wir sind. David hatte eine solche Beziehung zu Gott, und so soll es auch bei uns sein. Vor Gott können wir unsere Masken fallen lassen, weil uns die Gerechtigkeit Jesu Christi in seiner Gegenwart umgibt. Obwohl wir Sünder sind, können wir in aller Freimütigkeit vor Gott treten und ganz wir selbst sein – in Christus.

Gott war Davids Zuhause, und zu seiner Zeit war das gleichbedeutend mit dem Tempel in Jerusalem. Er schrieb diesen Psalm, der die Vorfreude des Pilgers ausdrückt, nach einer langen, beschwerlichen Reise endlich im Tempel, in Gottes Gegenwart anzukommen. Heute wohnt Gott durch Jesus Christus in jedem seiner Kinder. *Wir sind seine Wohnung – durch Jesus Christus und mit Hilfe des Heiligen Geistes.* Wir müssen gar nicht erst wie die Israeliten die Strapazen einer zum Teil langen Wallfahrt zu Gottes Wohnung auf uns nehmen. Er sehnte sich nach diesem Ort. Wir tragen ihn in uns. Doch anstatt aus dem Vollen zu schöpfen, liebäugeln wir mit den Freuden, die uns woanders versprochen werden. Diejenigen, die seinerzeit den Tempel endlich erreicht hatten, konnten nur ausrufen: *»Wie lieblich sind deine Wohnungen, Herr der Heerscharen!«* (V. 2), und: *»Glücklich sind, die in deinem Haus wohnen. Stets* *werden sie dich loben*« (V. 5). Sie schauten sich nicht vor dem Tempel um in der Hoffnung, noch etwas Besseres zu finden. Sie wussten, dass sie gefunden hatten, wonach ihre Seele dürstete.

Suchen wir nach etwas außerhalb der Tempelmauern? Alles, was wir brauchen, haben wir in Christus. Wenn wir auf ihn schauen, werden wir verstehen, was David vor Augen hatte, als er schrieb. »*Denn ein Tag in deinen Vorhöfen ist besser als sonst tausend. Ich will lieber an der Schwelle stehen im Haus meines Gottes als wohnen in den Zelten der Gottlosen*« (V. 11).

Freude – in der Nähe Gottes

*»Licht ist dem Gerechten gesät, und Freude
den von Herzen Aufrichtigen.«*
Psalm 97,11

Es gibt einen direkten Zusammenhang zwischen Freude und von Herzen kommendem Gehorsam. Eine äußere Angepasstheit mag uns vielleicht ein gewisses Gefühl von Befriedigung verschaffen, jedoch niemals zu echter Freude führen. Freude ist demzufolge eine Segnung für die von Herzen Aufrichtigen, so sagt uns der Psalmist.

Eine Zeitlang mag man die »christlichen Vitalfunktionen« nach außen hin aufrechterhalten können, doch auf Dauer führt solch ein Kraftakt zu Ausgelaugtsein, Entmutigung, Desillusionierung und – wenn wir nicht wachsam sind – zu Verstrickung in Sünde. Oftmals täuschen wir uns selbst über unseren wahren geistlichen Zustand hinweg. Unser Handeln ist rein äußerlich korrekt, die Veranstaltungen, die wir aufsuchen, sind passend und die Moral, die wir unsere Kinder lehren, ist tadellos. Und doch mangelt es uns an Leben auf unserem Weg mit Gott. Wie aber kommen wir dieser Tatsache auf die Spur? Mangel an Freude könnte jedenfalls ein Hinweis darauf sein.

Für Mütter junger Kinder, die rund um die Uhr beschäftigt sind, ist es wahrscheinlich am herausforderndsten, sich einen lebendigen, von Freude gezeichneten Glauben zu bewahren. Erschöpfung, wenig Zeit für Gemeinschaft mit Erwachsenen und eine nie enden wollende Liste banaler Aufgaben, die alltäglich nach Erledigung schreien – da bleibt wenig Zeit, um sich zum Bibellesen und Gebet zurückzuziehen. Wo findet man den Ausweg in solchen Lebenssituationen? Ich kenne eine Mutter, die mitten in der Nacht aufsteht, um eine Stunde lang Gemeinschaft mit Gott zu haben – die einzige Zeit, in der Stille im Haus herrscht. Diese Gewohnheit brachte neuen Wind in ihr Glaubensleben, und Gott hat ihre Anstrengungen, die sie unternimmt, um ihn zu suchen, gesegnet: Trotz der zusätzlichen Schlafeinbuße hat sie mehr Kraft, um ihre alltäglichen Aufgaben zu bewältigen. Natürlich würde dieses Prinzip nicht bei jeder Mutter funktionieren, und ich kenne einige, die es erfolglos ausprobiert haben.

Ob wir nun Mütter sind oder nicht – jeder von uns kennt die Zeiten, in denen sich unser Glaubensleben eher im »Sparmodus« bewegt als zu gedeihen und vor Lebendigkeit zu sprühen. In solchen Phasen werden wir merken, ob unser Glaube auf der Wahrheit Jesu gegründet ist oder schöne Gefühle benötigt, die sich nach einer länger anhaltenden ruhigen Lebensphase einstellen. Obwohl die Stille Zeit mit Gott lebenswichtig für uns ist, so meint der Ausdruck »von Herzen aufrichtig« das Leben im ausnahmslosen Vertrauen auf Christus. Solange eine solche Einstellung unser Handeln prägt, werden wir geistlich wachsen.

Manchmal geben wir uns jedoch damit zufrieden, nur noch nach außen hin zu funktionieren und leben einfach mechanisch vor uns hin. Wir laden uns derart viele Aktivitäten auf, dass kein Raum mehr für die persönliche Begegnung mit Gott bleibt. Vielleicht wollen wir so vermeiden, uns mit bestimmten Dingen in unserem Leben auseinander setzen zu müssen. Möglicherweise plagen uns Zweifel an Gott, und wir haben Angst davor, was passieren könnte, wenn wir uns mit dieser Tatsache konfrontieren. In solchen Situationen ist man geneigt, sich mit rein äußerlicher Pflichterfüllung zufrieden zu geben und sich selbst einzureden, dass in der Beziehung zu Gott alles in bester Ordnung ist. Aber wenn sich die Freude dauerhaft verabschiedet hat, ist eben nicht alles in Ordnung.

Leben Sie im geistlichen »Sparmodus«? Wenn das auf Sie zutrifft, können Sie vielleicht bedingt durch ihre Lebensumstände keine großen und zeitraubenden Maßnahmen ergreifen, um das zu ändern. Doch was Sie tun können, ist, sich völlig auf Jesus Christus zu verlassen anstatt auf Ihre eigenen geistlichen Klimmzüge. Wenn Sie das beherzigen, wird die Freude in Ihr Leben zurückkehren, noch bevor sich die Umstände ändern. Entscheiden Sie sich allerdings für den »Sparmodus«, so entscheiden Sie sich auch gegen die Freude. Könnte es vielleicht sein, dass Gott die Freudlosigkeit in Ihrem Leben gebrauchen möchte, um sich wieder in Ihr Blickfeld zu rücken und Sie in seine Nähe zu ziehen?

Freude – über das Glück der anderen

»Das Herz kennt sein eigenes Leid und kein
Fremder kann sich in seine Freude mischen.«
Sprüche 14,10

Trübsal blasen ist die einsamste aller Beschäftigungen –
auch wenn man viele Tröster um sich hat. Wir mögen von
noch so vielen netten Freunden umgeben sein, wenn uns
ein geliebter Mensch verlässt – das Gefühl der Einsamkeit
wird sich nicht abstellen lassen. In gewissem Sinne sind
wir ja auch einsam. Unsere Freunde können uns vielleicht
mit vielen Umarmungen und Worten ihre Anteilnahme
versichern, doch sie können eben nicht in unsere Haut
schlüpfen und nachfühlen, wie uns zumute ist. Wir mögen
zwar mit Mitleid überhäuft werden, doch echtes mensch-
liches Mitfühlen stößt schlichtweg an seine Grenzen.
Niemand kann wirklich nachempfinden, was ein anderer
durchmacht, der mit einem schweren Verlust zurechtkommen muss. Die Erinnerungen, die einen verbanden,
die Worte, die ungesagt bleiben, die Schuldgefühle, die
einen beschleichen – all das bleibt einem anderen Menschen letztlich verschlossen.

Genauso verhält es sich mit unserer Freude, die wir

letztendlich nur für uns allein erfahren können – auch wenn der Umgang mit Freude natürlich nicht so viel Mühe macht wie das Aushalten von Leid. Manchmal sind wir in unseren Freuden sogar einsamer als in unserem Leid, weil es immer Menschen geben wird, die sich nicht mitfreuen können oder wollen. Eine Frau verlobt sich und möchte heiraten, und ihre unverheirateten Freundinnen, die mit ihrem eigenen Singledasein hadern, können sich vor lauter Eifersucht einfach nicht mitfreuen, auch wenn sie es niemals zugeben würden. Die Erfüllung unseres Wunsches nach einem Ehemann, einem eigenen Haus oder einem Baby – Wünsche, die die meisten Frauen haben – ruft sehr leicht den Neid anderer hervor, der unsere Freude über unser Glück dämpft. Wir fühlen uns verpflichtet, unsere Freude vor denen zu verbergen, die sich als benachteiligt empfinden.

Die Worte aus Sprüche 14,10 bescheinigen uns, dass wir in dieser Hinsicht nicht auf Menschen zählen können und letztlich wirklich einsam sind. Gott ist der Einzige, der genau weiß, wie wir uns fühlen und warum wir uns so fühlen. Jesus hat dieselben Freuden und Schmerzen durchlebt wie wir – und deshalb kann allein er in unsere Situation hineinsprechen und die Schmerzen unserer Einsamkeit lindern. *»Denn wir haben nicht einen Hohenpriester, der nicht Mitleid haben könnte mit unseren Schwachheiten, sondern der in allem in gleicher Weise wie wir versucht worden ist, doch ohne Sünde. Lasst uns nun mit Freimütigkeit hinzutreten zum Thron der Gnade, damit wir Barmherzigkeit empfangen und Gnade finden zur rechtzeitigen Hilfe!«* (Hebr 4,15-16).

Gott ist von seinem Wesen her auf Beziehungen ausgerichtet, und deshalb freut er sich, wenn wir uns freuen, und ist bekümmert, wenn wir Kummer haben. Man bedenke, wie traurig Jesus über den Tod des Lazarus war, als dessen Schwestern vor Schmerz nicht aus noch ein wussten. Bei Johannes lesen wir, dass Jesus weinte (siehe Joh 11,35). Weil Mitleid und Mitgefühl Gottes Charakter innewohnen, möchte er, dass auch wir uns in die Situation derer hineinversetzen, die Schweres durchmachen. *»Freut euch mit den sich Freuenden, weint mit den Weinenden!«*, schreibt Paulus (Röm 12,15). Wir spiegeln Gottes Wesen wider, wenn uns das Leid anderer bekümmert und wir uns von Herzen über das Glück anderer freuen können, auch wenn es nichts an der Tatsache ändert, dass wir Menschen Freude und Leid allein durchleben müssen.

Vor einigen Jahren war ich in einem Büro tätig, in dem auch drei junge Frauen arbeiteten, die jeweils verlobt waren und vorhatten, in Kürze zu heiraten. Zu der Zeit hatte ich gerade etwas Mühe mit meinem Singledasein, und Tag für Tag setzte ich ein bewusst fröhliches Gesicht auf, während ich ihren Ausführungen über Hochzeitskleider, Einladungskarten und Geschenkelisten lauschte. Doch unter dieser lächelnden Fassade war nichts, was sich mit meinen Kolleginnen wirklich mitfreute. Alle drei waren jünger als ich, und es erschien mir einfach ungerecht, dass sie nun bald verheiratet waren und ich nicht.

Dann kam der Tag, an dem ich mein Büro betrat, die Tür hinter mir schloss und Gott bat, diese echte Freude über das Glück meiner drei Kolleginnen in meinem Herzen zu bewirken. Und Gott erhörte dieses Gebet. Seit diesem Moment konnte ich mich tatsächlich immer mitfreuen, wenn ich von einer Verlobung oder bevorstehenden Hochzeit hörte. Ein übernatürliches Eingreifen? Auf jeden Fall! Und sowohl die Geschwindigkeit und das Ausmaß der göttlichen Antwort auf mein Gebet hat mir deutlich gemacht, wie wichtig es Gott ist, dass wir die Freude der anderen über den Segen, den sie empfangen haben, tatsächlich teilen. Gott ist bereit, dasselbe Wunder im Herzen eines jeden zu wirken, unabhängig davon, wo im Einzelfall der Knackpunkt liegt.

Die eigentliche Frage, die sich dabei stellt, ist also nicht, ob Gott es wirklich tun wird, sondern ob wir wirklich bereit sind, dass er es tut. Sind wir bereit, uns über das Glück anderer zu freuen, selbst wenn Gott uns genau das vorenthält, was er anderen geschenkt hat? Wenn ja, dann machen wir uns darauf gefasst, dass wir an den Segnungen der anderen überreich teilhaben dürfen.

Freude – auch unsere Verantwortung

»Ein fröhliches Herz bringt gute Besserung, aber ein niedergeschlagener Geist dörrt das Gebein aus.«
Sprüche 17,22

Gott hat uns zur Freude geschaffen. Das ist der Grund, weshalb sich zwangsläufig körperliche Probleme einstellen, wenn uns die Freude über einen längeren Zeitraum hinweg fehlt. Eine Frau ohne Freude lebt völlig wider ihre eigentliche Natur. Deshalb müssen wir für die Freude in unserem Leben genauso Sorge tragen wie für unser Schlafpensum und unsere Ernährung. Die Pflege der Freude ist Teil unseres verantwortungsvollen Umgangs sowohl mit Geist und Seele als auch mit unserem Körper.

Doch wie trage ich Sorge für die Freude in meinem Herzen? In der Praxis empfinden wir es deshalb als schwierig, weil wir in einer gefallenen Welt leben und an jeder Ecke der Sünde und ihren Auswirkungen begegnen. Zeiten des Leids und des schmerzhaften Verlusts, in denen wir keine Freude mehr empfinden, wird es für jeden von uns immer wieder geben. Doch wenn wir uns mitten in unserem Kummer an Gott klammern, wird dieser Prozess uns ihm näher bringen, und die Freude wird bei uns wieder Einzug halten, auch wenn die Umstände noch keine Besserung versprechen. Leiden, das keinen Trost annehmen will, sondern sich im Unglück badet, ist nichts anderes als eine Absage an Gottes Fürsorge, die uns zuweilen auch darin begegnet, dass er uns Dinge versagt oder auch nimmt. Selbstmitleid ist die Zwillingsschwester des Stolzes; solange wir daran festhalten, wird sich auch nicht ein Funken Freude am Horizont zeigen.

Verborgene Sünde, die wir nicht zu bekennen bereit sind, ist ebenfalls ein Faktor, der die Freude dämpft. Schließen wir mit der Sünde in unserem Leben einen Nichtangriffspakt, so können wir davon ausgehen, dass die Freude, die sich dann noch einstellt, nicht geistgewirkt ist. Jeder von uns fürchtet die Auswirkungen der Sünde; aber eine Auswirkung, die wir oftmals nicht bedenken, ist das Ausbleiben der Freude. Jener Art von Freude, von der im Buch Sprüche die Rede ist und die wie gute Medizin wirkt. Elisabeth Elliot schrieb: »Die häufigste Ursache für Leiden – sei es physischer, psychischer oder emotionaler Natur – ist sicherlich der Ungehorsam. Wenn sich die Seele, die vor der Entscheidung zwischen Gut und Böse steht, entschließt, die Grenze zwischen diesen beiden zu verwischen und Ausflüchte für ihren Zustand der Verwirrung und Enttäuschung zu suchen, gibt sie ihre Immunisierung auf und macht sich selbst anfällig für Krankheiten.«[4] Wir tragen also Sorge für die Freude in unserem Herzen, wenn wir uns in Zeiten des Leids an Gott festhalten und mit unserer Sünde nicht hinter dem Berg halten, sondern sie ihm bekennen, sofern sie uns bewusst ist. Darüber hinaus sollten wir den Blick unseres Herzens allein auf Gott

richten und danach trachten, mehr und mehr zu entdecken, wer er wirklich ist. Je besser wir ihn kennenlernen, je tiefer unser Verständnis über sein Wesen wird,
desto mehr wird die Freude an ihm unser Herz erfüllen.
Freude ist also nicht nur ein Geschenk – sie ist auch unsere
Verantwortung.

Freude – unecht

*»Bei dem aber auf das Steinige gesät ist, dieser ist es, der
das Wort hört und es sogleich mit Freuden aufnimmt; er
hat aber keine Wurzel in sich, sondern ist nur ein Mensch
des Augenblicks; und wenn Bedrängnis entsteht oder Verfolgung um des Wortes willen, nimmt er sogleich Anstoß.«*
Matthäus 13,20-21

Am letzten Wochenende sprach ich das erste Mal seit
Jahren wieder mit Alex. Früher besuchten wir dieselbe
Gemeinde, aber das Leben führte uns unterschiedliche
Wege, und so verloren wir uns etwas aus den Augen. Ich
erinnere mich noch gut daran, dass sie eine der Säulen
unseres Frauenbibelkreises war. Ihr Glaube war einfach
ansteckend. Unter ihrer Leitung florierte der Kreis und
wuchs beständig. Alex hatte etwas, das andere neidisch
machte – ihre Freude. Obwohl sie mit einem ungläubigen
Mann verheiratet war und dadurch auch keinen leichten
Stand hatte, bezeugte sie fröhlich allen Menschen in ihrer
Umgebung, welche Hoffnung sie in Jesus gefunden hatte.

Aus dieser Erinnerung heraus konnte ich es neulich
kaum glauben, dass ich wirklich mit *der* Alex sprach, die
ich von früher her kannte. Zwischenzeitlich hatte sich ihr
Mann von ihr scheiden lassen, weil er ihren Glauben an
Jesus einfach nicht akzeptieren konnte. Alex lebte jetzt

mit einem anderen, ebenfalls nicht gläubigen Mann zusammen und hatte selbst ihren Weg mit dem Herrn verlassen. Offensichtlich waren die Kosten der Nachfolge zu hoch für sie geworden.

Freudengefühle sind kein Maßstab für unser Bekenntnis zu Jesus. Im Fall von Alex war ihre Freude zwar echt. Gott hatte sie von der Sünde und der Hoffnungslosigkeit eines Lebens ohne Jesus befreit. Jedoch entsprang ein Großteil ihrer Freude der Hoffnung, ihr Mann würde eines Tages ebenfalls zum lebendigen Glauben durchdringen. Als dieser Wunsch endgültig starb, starb auch ihre Hoffnung – und mit ihr die Freude. Die Freude, von der die Heilige Schrift spricht, unterscheidet sich von der freudigen und hoffnungsfrohen Erwartung dessen, was Gott unserer Meinung nach Gutes in unserem Leben bewirken sollte. Natürlich ist das vertrauensvolle Hoffen darauf, dass unsere schwierigen Lebenslagen eine für uns günstige Wendung nehmen, ganz und gar menschlich. Doch die geistliche Krise ist vorprogrammiert, wenn wir uns darauf versteifen, dass sich die Dinge so entwickeln, wie wir es uns vorstellen.

Freudengefühle sind nicht geeignet, um auf der Skala unseres geistlichen Pulsschlags zu punkten. Wenn wir uns Gott ganz nah fühlen, ist das zwar ein Segen, den Gott schenkt, aber nicht zwangsläufig ein Zeichen seiner Anerkennung. Christus ist der einzige Indikator unserer Annahme bei Gott. Wenn wir diese Tatsache verwischen, werden wir uns ständig über unseren geistlichen Zustand sorgen, sobald uns die guten Gefühle einmal verlassen.

Freude ist ein großer Segen – echte, im Licht der Bibel verstandene Freude.

Freude – mitten in unserer Verwundbarkeit

»Wenn es nun irgendeine Ermunterung in Christus gibt, wenn irgendeinen Trost der Liebe, wenn irgendeine Gemeinschaft des Geistes, wenn irgendein herzliches Mitleid und Erbarmen, so erfüllt meine Freude, dass ihr dieselbe Gesinnung und dieselbe Liebe habt, einmütig, eines Sinnes seid.«
Philipper 2,1-2

Freude ist die Frucht empfangener und weitergegebener Liebe. Alle Versuche, unseren Weg allein zu gehen, enden daher mit dem Verlust unserer Freude. Unabhängigkeit und Autonomie sind die Errungenschaften einer Demokratie, nicht die eines biblischen Lebenswandels. Genauer betrachtet, ist das Streben nach Unabhängigkeit ein Merkmal unserer gefallenen Natur. In gewisser Hinsicht haben wir alle den Wunsch, autonom zu sein.

Dieser Wunsch ist es, der eine Frau bewegt, eine Verabredung zum Essen mit Freundinnen abzusagen, weil ihr die Wahl des Restaurants nicht gefällt.

Dieser Wunsch ist es auch, der eine Frau bewegt, die jeden Sonntag einen anderen Gottesdienst besucht, anstatt sich verbindlich für eine Gemeinde zu entscheiden.

Und dieser Wunsch ist es auch, der eine Frau bewegt,

die sich immer den Kummer anderer Menschen anhört, aber niemals ihre eigenen Probleme offenbart.

Wir nennen es Unabhängigkeit. Ein passenderer Begriff ist wahrscheinlich Selbstschutz. Wir schätzen unsere Art, die Dinge zu regeln, wir beharren auf unserem Recht und wollen um keinen Preis verletzt werden. Aber Liebe – echte Liebe – ist vor nichts sicher. Deshalb liegt es zutiefst im Wesen der Liebe begründet, dass wir uns Blöße geben, uns verletzlich machen und uns freiwillig der Gefahr von Treuebruch und Zurückweisung aussetzen. Wenn es jemanden gibt, der um all das weiß, dann ist es Jesus. Während seines Lebens hier auf der Erde hat er sich selbst aus Liebe verschenkt – nur, um von den meisten Menschen zurückgewiesen zu werden. Sie wollten ihn um seiner Wunder willen, nicht um seiner selbst willen. Er war »*ein Mann der Schmerzen, mit Leiden vertraut*« (Jes 53,3), und trotzdem hörte er nicht auf zu lieben.

Gott hat uns geschaffen, um Seite an Seite in Liebe miteinander zu leben. Die christliche Familie – sowohl weltweit betrachtet als auch auf unsere Ortsgemeinde bezogen – ist ein Instrument der Fürsorge Gottes im Hinblick auf unser Bedürfnis nach Geborgenheit, Ermutigung, Zuneigung und Mitgefühl. Wenn wir also das Risiko eingehen, Geborgenheit, Ermutigung, Zuneigung und Mitgefühl nicht nur zu geben, sondern auch in Anspruch zu nehmen, ernten wir Freude – trotz aller möglichen Verletzungen, die wir dabei auch in Kauf nehmen müssen. Letzten Endes führt es uns vor Augen, wie trostlos und öde eine menschliche Existenz in Wahrheit ist, die sich hinter einer Mauer des Selbstschutzes verschanzt.

Wir fürchten uns vor den Folgen einer Selbstoffenbarung, sogar wenn (oder vielleicht besonders weil) wir uns vor anderen Gläubigen öffnen: Wenn die anderen von unserer Sünde erfahren und erkennen, wer wir in Wirklichkeit sind, dann werden sie uns ablehnen. Sie werden nicht mehr mit uns zusammen sein wollen. Sie werden uns keinen Respekt mehr entgegenbringen. Wir alle sehnen uns so sehr nach Liebe und Anerkennung, und je mehr wir danach streben, desto mehr entfernen wir uns davon. Doch wenn wir uns öffnen und den Mut haben, wir selbst zu sein, dann ermutigen wir andere, es ebenso zu tun. Es gibt kaum etwas Heuchlerischeres, kaum etwas, das den Heiligen Geist mehr betrüben könnte, als eine Schar von Gläubigen, die sich selbst und ihre eigene Geistlichkeit in weichgespülten, oberflächlichen Gesprächen beweihräuchert. Echte Liebe öffnet sich dem anderen und erntet immer tiefe Freude.

Freude – wenn wir Jesus kennenlernen

»Als sie aber den Stern sahen, freuten sie sich mit sehr großer Freude.«
Matthäus 2,10

Die Weisen freuten sich sehr, als sie den Stern entdeckten, der die Geburt Jesu ankündigte. Warum? Es ist sehr unwahrscheinlich, dass sie bereits zu diesem Zeitpunkt erfasst hatten, was das alles zu bedeuteten hatte. Trotzdem wurden sie mit Freude erfüllt und folgten dem Stern, der sie zu ihrem Mensch gewordenen Erlöser führte.

Die Weisen sahen lediglich den Stern und freuten sich darüber, doch wir wissen alles über das Leben, das Sterben und die Auferstehung Jesu und haben ein viel deutlicheres Bild vom Grund der Freude vor Augen. Freuen wir uns mit großer Freude? Oftmals löst die frohe Botschaft zwar Dankbarkeit in uns aus, doch dann gehen wir recht bald wieder zur Tagesordnung über. Aber wenn wir doch genau wissen, was der Stern bedeutet und was er uns vorhersagt, warum sprudeln wir nicht dauerhaft über vor Freude? Wenn wir das gesamte Ausmaß der Botschaft verstehen würden, dann wäre unsere Freude nicht nur vorübergehender Natur. Doch ganz oft – so hat es Todd Augustine ausgedrückt – halten wir uns zwar in demselben Raum auf wie Jesus, verdrücken uns aber in die entgegengesetzte Ecke.[5]

Wir werden uns nicht mit sehr großer Freude freuen, solange wir Jesus nicht so kennenlernen, wie er wirklich ist. Und wir werden nicht verstehen, wie er wirklich ist, solange wir nicht die Tragweite unserer Sünde begriffen haben. Und wir werden die Tragweite unserer Sünde nicht begreifen, solange wir Jesus auf Sicherheitsabstand auf der anderen Seite des Raumes halten. Ist Jesus Wirklichkeit für uns, oder ist seine Bedeutung für uns auf das begrenzt, was er vor 2000 Jahren vollbracht hat? Unsere Liebe zu ihm ist der Prüfstein. Jesus sagte: »*Wem aber wenig vergeben wird, der liebt wenig*« (Lk 7,47). Wenn wir die Tragweite und Tiefe unserer Sünde und damit auch das Ausmaß erfasst hätten, in dem uns vergeben wurde, so wäre unser Herz vor Dankbarkeit und Liebe zu Jesus überwältigt. Verkriechen wir uns allerdings auf die andere Seite des Raumes, so haben wir es noch nicht verstanden oder drücken uns davor.

Gibt es alte oder aktuelle Sünde in Ihrem Leben, die Sie noch nicht zum Kreuz gebracht haben? Wenn Jesus keine Bedeutung für Sie hat, wenn Ihr Herz ihn nicht als Erlöser und Retter liebt, sollten Sie die Gelegenheit ergreifen und sich dem aufrichtig stellen, was in Ihrem Leben als Sünde zu Tage tritt. Das einzig wirksame Gegenmittel, der einzige Weg zu der Freude, die die Weisen erfüllte, ist, ganze Sache mit Jesus zu machen. Offenbaren Sie ihm Ihr Herz. Halten Sie ihm Ihre Sünde hin im Glauben und im Vertrauen, dass er gerne vergibt und Sie so verändern kann, dass Sie sich von Herzen an ihm freuen können.

Freude – wenn wir
in Ihm bleiben

*»Dies habe ich zu euch geredet, damit meine
Freude in euch sei und eure Freude völlig werde.«*
Johannes 15,11

»Dies« – hier im Johannesevangelium wird es als Voraussetzung für Freude genannt. Diesen Teil der Evangelien bilden die sogenannten Abschiedsreden Jesu, besondere Worte, die Jesus kurz vor seinem Tod an seine Jünger richtete. Das Bemerkenswerte daran ist, dass er im Angesicht seines bevorstehenden Kreuzestodes von der Freude sprach, die ihn erfüllte.

Jesus hat uns über die Grundvoraussetzung für Freude nicht im Unklaren gelassen: Die Voraussetzung ist, dass wir in ihm bleiben – in der Liebe und im Gehorsam. Dafür gebraucht er Bilder, die er dem Alltagsleben entnimmt – hier das Bild eines Gartens –, damit wir es vor unserem inneren Auge förmlich sehen können, was es heißt, in ihm zu bleiben. Jesus Christus ist der Weinstock, wir sind die mit ihm fest verbundenen Reben

und Gott, der Vater, ist der Weingärtner (V. 1). Jesus erwähnt die Bedeutung des Gehölzschnitts für das gesunde und ertragreiche Wachstum der Pflanzen. Er weist uns darauf hin, dass unser Vater im Himmel in seiner Eigenschaft als Gärtner all die Pflanzenpartien herausschneiden und entfernen muss, die ein gutes Gedeihen verhindern. Das bedeutet, dass er schmerzhafte Eingriffe bei uns vornehmen muss, damit unsere Verbindung zum Weinstock stärker und widerstandsfähiger werden kann und wir somit letztlich die Eigenschaften des Weinstocks mehr und mehr in uns vereinigen. Unser Beitrag besteht darin, am Weinstock zu bleiben, während dieser Eingriff geschieht. Für uns heißt es schlichtweg still zu halten, während Gott den Gehölzschnitt vollzieht und uns all das willig entfernen zu lassen, was weggeschnitten werden muss, selbst wenn es schmerzt.

In Christus zu bleiben heißt sich an ihn zu klammern, und nur wenn wir das beherzigen, kann Gutes in uns und unser Leben fließen. Und wir werden die Erfahrung machen, dass uns die Wirkung dieses Prozesses zutiefst froh macht. Jesus sagte: »Wer in mir bleibt und ich in ihm, der bringt viel Frucht, denn getrennt von mir könnt ihr nichts tun« (V. 5). Auch zu den Folgen, die wir in Kauf nehmen müssen, wenn wir nicht in ihm bleiben, äußert sich Jesus sehr deutlich.

Die feste Verbindung mit Jesus bringt uns auf die Frequenz des göttlichen Willens, und das hat immer Freude zur Folge. Sind wir in Christus verwurzelt, so stimmen unsere Wünsche automatisch mit den seinen überein, und wir stellen fest, dass wir genau das wollen, was er will. Das meinte Jesus mit seiner Aussage in Matthäus 15,8: »Wenn ihr in mir bleibt und meine Worte in euch bleiben, so werdet ihr bitten, was ihr wollt, und es wird euch *geschehen.*« Verbundensein mit Jesus verändert selbst unser Wünschen und Sehnen, was dann wiederum unser Beten beeinflusst. Wenn unser Gebetsleben frustrierend ist und wir Gottes Reden vermissen, könnte es daran liegen, dass wir nicht in ihm bleiben. Mit dem, was und worum wir beten, liegen wir vielleicht auf einer Frequenz, die nicht Gottes Welle ist. Gebet, das der innigen Verbindung mit Jesus entspringt, bringt immer Frucht.

Schließlich heißt *in Christus zu bleiben* auch, ihm zu gehorchen. Wir können nicht mit der Liebe Gottes rechnen, wenn wir bewusst in Sünde leben. Wenn wir eine Lieblingssünde pflegen oder eine Gewohnheit beibehalten, die Gott offensichtlich nicht gefällt, ist uns der Blick in Gottes freundliches Angesicht versperrt. »*Wenn ihr meine Gebote haltet, so werdet ihr in meiner Liebe bleiben, wie ich die Gebote meines Vaters gehalten habe und in seiner Liebe bleibe*« (Joh 15,10).

Freude und das Bleiben in Christus gehören untrennbar zusammen.

Freude – auch am Essen und Trinken

»Denn das Reich Gottes ist nicht Essen und Trinken, sondern Gerechtigkeit und Friede und Freude im Heiligen Geist.«
Römer 14,17

Paulus rückt in Römer 14,17 erst einmal die Prioritäten zurecht. Sein Thema ist die Freiheit eines Christen. Manche von uns haben sehr klare Vorstellungen, was Fragen wie Alkoholgenuss und Kinobesuche angeht und hängen diese Themenbereiche auch sehr hoch. Für andere wiederum sind diese Fragen zweitrangig. Wer hat nun Recht? Es spielt keine Rolle, wer Recht hat. Genau um diesen Punkt geht es Paulus hier. Wichtig ist letztendlich, dass alles, was wir tun, der Ehre Gottes und der gegenseitigen Auferbauung und Stärkung im Glauben dient. Wir haben schlichtweg nicht die Freiheit, etwas in der Gegenwart eines anderen zu genießen, wenn das den Glauben des anderen schwächt oder sein Gewissen belastet. In solchen Fällen ist der gemeinsame Verzicht die beste Wahl.

Was von der Sache her in den Bereich unserer Freiheit als Christen fällt, kann uns zur Fessel werden, wenn wir auf unserem vermeintlichen Recht bestehen. Interessanterweise liegt unsere Freiheit nämlich genau darin, anderer zuliebe auf vermeintliche Freiheiten zu verzichten. Und obendrein erfüllt ein solcher Freiheitsgewinn unser Herz mit Freude. *»Zerstöre nicht einer Speise wegen das Werk Gottes! Alles zwar ist rein, aber es ist böse für den Menschen, der mit Anstoß isst. Es ist gut, kein Fleisch zu essen, noch Wein zu trinken, noch etwas zu tun, woran dein Bruder sich stößt«* (Röm 14,20-21).

Ein viel und kontrovers diskutiertes Thema unter Christen ist der Genuss von Alkohol. Darf man Alkohol trinken oder nicht? Manche pflegen, ein Glas Wein zum Essen zu trinken, andere tun es aus Überzeugung nicht. Beim Genuss von Alkohol innerhalb der biblisch abgesteckten Grenzen ist selbstverständlich zu berücksichtigen, wann und vor wem dieser stattfindet. Wenn wir unser Glas Merlot reinen Gewissens genießen können, dann freut sich Gott darüber, dass es uns wohltut. Stellen wir aber unser Genusserlebnis vor jemandem zur Schau, der den Alkoholgenuss mit seinem eigenen Gewissen nicht vereinbaren kann, so betrüben wir Gott damit und schmälern damit sowohl unsere Freiheit als auch unsere Freude. Sind wir der Meinung, dass ein Christ keinen Alkohol trinken sollte, haben wir auf der anderen Seite aber auch nicht das Recht, andere zu verurteilen, nur weil sie über diesen Punkt anders denken. Gott wird ebenso betrübt, wenn wir anderen etwas verbieten wollen, was er selbst nicht ausdrücklich verboten hat.

Im Einzelfall betrachtet werden wir uns also unsere Freiheit und unsere Freude im Hinblick auf Speisen und Getränke nur erhalten können, wenn wir sie reinen

Gewissens zu uns nehmen. Wir sollten allerdings hellhörig werden, wenn wir das dringende Bedürfnis verspüren, anderen (oder auch uns selbst) gegenüber Rechenschaft über unsere innere Freiheit im Hinblick auf die eine oder andere Gewohnheit abzulegen. Der Satz *Die Dame, wie mich dünkt, gelobt zu viel* aus Shakespeares Hamlet enthält durchaus etwa Wahres. Echte Freiheit auf dem Gebiet des Essens und Trinkens geht notwendigerweise mit einem gewissen Maß innerer Distanz und Gelassenheit einher. Können Sie zum Glas Wein greifen, es aber auch genauso gut und gerne sein lassen? Dann genießen Sie es einfach, solange Sie das Gewissen oder das Empfinden anderer dadurch nicht verletzen. Auf diesem Gebiet machen wir uns selbst so leicht etwas vor. Frauen, die Freude erleben, kennen die Grenzen, die die Bibel in Bezug auf Essen und Trinken zieht bzw. nicht zieht – und beherzigen sie.

Freude – über das Wunder der Weihnacht

»Der Gott der Hoffnung aber erfülle euch mit aller Freude und allem Frieden im Glauben, damit ihr überreich seiet in der Hoffnung durch die Kraft des Heiligen Geistes!«
Römer 15,13

Trotz hoher Ausgaben und aufwändiger Vorbereitungen, die die Weihnachtszeit mit sich bringt, ist und bleibt sie die schönste Zeit des Jahres. Manche Menschen bewahren sich den Sinn für die besondere Art der Vorfreude und das eigentlich Wunderbare dieser Tage, die ihre Augen bereits zum Glänzen brachten, als sie noch Kinderaugen waren: die Lichter, die auf dem rauhreifgezuckerten Rasen des Nachbarn glitzerten, begleitet vom fernen Klang der Weihnachtslieder. Der herrliche, frische Duft des Weihnachtsbaumes, der das ganze Wohnzimmer erfüllte. Ein festliches Essen, das einem überall im Haus so vielversprechend in die Nase stieg. Unmengen von Geschenken unter dem Weihnachtsbaum am Heiligen Abend ... Der Dezember war für diejenigen von uns, die solches aus Kindertagen kennen, ein wundervoller Monat. Für andere wiederum war Weihnachten dagegen alles andere als wundervoll. Fragt man einen Staatsanwalt, wird dieser die

Tatsache bestätigen, dass gerade während der Weihnachtsfeiertage überdurchschnittlich viele Fälle häuslicher Gewalt auftreten.

Unabhängig davon, wie das persönliche Erleben der Weihnachtszeit in ihrer Kindheit aussah, werden Sie festgestellt haben, dass der besondere Zauber der Weihnachtszeit, auch wenn er von der Sünde in dieser Welt getrübt ist, etwas von dem Wunder widerspiegelt, das den Hirten und den Weisen unter dem Stern von Bethlehem offenbart wurde. Die langersehnte Ankunft des Christus liegt diesem Wunder und der Erwartung zugrunde, dass etwas innigst Herbeigesehntes nun endlich vor der Tür steht. Trotz aller Kommerzialisierung des Weihnachtsfestes und seines mittlerweile sehr weltlichen Anstrichs lässt Gott das eigentliche Wunder von Weihnachten immer wieder durchscheinen.

Wenn Sie die Erinnerung an das Weihnachten Ihrer Kindheit in sich wachrufen, dann spüren Sie etwas von dem, was Gott für seine Kinder immer und zu jeder Jahreszeit bereit hält. Es ist Gottes Wille für uns, dass wir in ständiger Erwartung seines Kommens leben. Wir sollen ihn sowohl in seinem Wort suchen und erwarten als auch in seiner täglichen Fürsorge, in unseren Nöten und Sorgen, in unseren Bedürfnissen und in unserem Versagen. In Jesus begegnet er uns in allen diesen Dingen. Doch wie oft übersehen wir ihn, weil wir ihn nicht erwarten, genauso wie wir an der wahren Bedeutung von Weihnachten vorbeihetzen, weil wir uns den Kopf nur über die perfekte Feiertagsgestaltung und ausgefeilte Geschenkideen zerbrechen.

Prägt das Wunder von Weihnachten noch unser Leben? Wenn nicht, dann liegt der Grund vielleicht darin, dass wir uns bereits daran gewöhnt haben, unsere Probleme auf eigene Faust und mit eigenen Mitteln lösen zu wollen. Warum sollten wir darauf warten, dass Gott eingreift, wenn wir es doch selbst in die Hand nehmen können? Ein geistliches Leben, in dem Selbstzufriedenheit Einzug gehalten hat, wird niemals Freude hervorbringen und die Hoffnung näher als an die Türschwelle herankommen lassen. Wir empfinden das Wunder von Weihnachten nicht mehr als solches, weil wir den Eindruck haben, in den meisten Fällen eigentlich sehr gut ohne Erlöser auszukommen. Vielmehr streben wir nach Unabhängigkeit, Selbstgenügsamkeit und nach einem Leben, in dem alles so läuft, wie wir es uns vorstellen. Aber die Verheißung der Freude und des inneren Friedens liegt auf einer glaubenden, vertrauenden Haltung statt auf autonomen und selbstbewussten Problemlösungsstrategien.

Können Sie sich daran erinnern, dem Weihnachtsfest voller Freude entgegengefiebert zu haben? Ist Ihnen bewusst, dass Sie, wenn Sie in Christus sind, mit derselben inneren Haltung tagein tagaus leben könnten? Der Weckruf an die Erinnerung des Weihnachtswunders Ihrer Kindertage beginnt in gewissem Sinne genau dort – mit Ihrem Kindsein. »*Wahrlich, ich sage euch, wenn ihr nicht umkehrt und werdet wie die Kinder, so werdet ihr keinesfalls in das Reich der Himmel hineinkommen*« (Mt 18,3).

Freude – eine Frucht des Geistes

> »Die Frucht des Geistes aber ist: Liebe, Freude, Friede, Langmut, Freundlichkeit, Güte, Treue, Sanftmut, Enthaltsamkeit. Gegen diese ist das Gesetz nicht gerichtet. Die aber dem Christus Jesus angehören, haben das Fleisch samt den Leidenschaften und Begierden gekreuzigt.«
> Galater 5,22

Liebe, Freude, Friede – wer von uns hätte nicht gerne diese Frucht des Geistes und möchte diese nicht nach außen hin ausstrahlen? Wir setzen alles daran, unserem Verhalten konsequente Freundlichkeit, Sanftmütigkeit und all das zu verleihen, doch im Laufe der Zeit müssen wir feststellen, dass das viel leichter gesagt ist als getan. Genau genommen ist es unmöglich. Natürlich kann es sein, dass wir tatsächlich etwas geduldiger mit anderen Menschen umgehen können oder etwas mehr Selbstbeherrschung am Nachtischbüffet walten lassen, doch insgesamt betrachtet, sind unsere Versuche, die Eigenschaften von Paulus' Liste in unser Leben zu kopieren, eher frustrierend.

Der Grund dafür liegt in unserem falschen Verständnis des Begriffes »Frucht des Geistes«. Selbstverständlich sollen wir uns um Liebe und Freundlichkeit und all die anderen aufgelisteten Tugenden bemühen, doch Paulus gibt uns mit der Auflistung im Galaterbrief nicht eine Aufzählung von Verhaltensweisen, die wir pflegen sollen. Er beschreibt vielmehr die Veränderung, die an uns geschieht, während wir in Christus reifen. Wenn wir all die Merkmale unserer gefallenen Natur zum Kreuz bringen, sind wir Jesus ähnlicher, als wenn wir an den Sehnsüchten und Begierden festhalten, die unser Leben bestimmten, bevor wir ihn kennenlernten. Als Folge dieses Veränderungsprozesses wird die Frucht des Geistes in unserem Leben sichtbar. Der Heilige Geist gibt uns nicht mehr Liebe oder mehr Treue oder mehr Freude. Er gibt uns Christus, und indem er das tut, entstehen Freude und all die anderen Merkmale in uns als Frucht dieser Verbindung mit ihm.

Frauen, die Freude ausstrahlen, sind also solche, die sich selbst zurücknehmen und den Weg frei machen für die Herrschaft Jesu in ihrem Leben. Je mehr wir uns ihm überlassen, desto mehr Freude werden wir erleben. Unsere Gebete um Freude werden hohl klingen, wenn es uns in Wahrheit nur um ein schönes, berauschendes Gefühl geht. Wahre Freude – Freude als Frucht des Geistes – stellt sich ein, wenn wir darum beten, Christus zu erkennen und mehr und mehr in sein Ebenbild verwandelt zu werden. Don Matzat schreibt dazu:

»Unser ›religiöser‹ Fokus sollte nicht auf geistliche Gaben und Segnungen, sondern einzig und allein auf die Person Jesu Christi ausgerichtet sein. Wenn wir uns nach Sündenvergebung und nach Gerechtigkeit, die vor Gott gilt, sehnen, gibt Gott uns Jesus. Wenn wir Frieden, Freude und Liebe suchen, gibt Gott uns Jesus. Wenn wir um Trost mitten im Leid ringen, um Hoffnung mitten in der Hoffnungslosigkeit, um Sicherheit mitten im Kampf gegen Zweifel und um Zufriedenheit trotz der Veränderungen, die das Leben mit sich bringt, gibt Gott uns Jesus. Jede geistliche Gabe ist letztendlich nichts anderes als ein schlichtes Sichtbarwerden des neuen Lebens mit Christus, der in uns wohnt. Und eben dieses Sichtbarwerden geschieht durch unseren Wandel im Geist, indem wir unser Bewusstsein auf Jesus ausrichten.«[6]

Freude – über alles, was Gott schenkt

»Den Reichen in dem gegenwärtigen Zeitlauf gebiete,
nicht hochmütig zu sein, noch auf die Ungewissheit
des Reichtums Hoffnung zu setzen – sondern auf Gott,
der uns alles reichlich darreicht zum Genuss.«
1. Timotheus 6,17

Was im Jahre 2008 zunächst als Konjunkturabschwung begann, entwickelte sich sehr schnell zu einer ausgewachsenen, weltweiten Krise. Ein Finanzexperte hat mir gegenüber einmal bestätigt, dass die Vorboten dieser Krise bereits Jahre zuvor auf das Ausmaß des bevorstehenden Desasters hingedeutet haben, jedoch von der Mehrheit schlichtweg ignoriert wurden. Als die Krise dann schließlich kam, ertönten die gegenseitigen Beschuldigungen. Der Bürger machte die Regierung verantwortlich, die Regierung die *Wall Street*, die *Wall Street* die hohe Individualverschuldung und die Medien alles und jeden. Doch die Wahrheit, die alle dabei übersehen haben, ist, dass solche Krisen in einer von Geld- und Machtgier geprägten Gesellschaft nun einmal unvermeidbar sind. Diejenigen, die ihre Hoffnung auf Reichtum und materielle Güter setzten, sind habgierig – ein Zustand, der im Grunde genommen jeden von uns beschreibt, den einen mehr, den anderen weniger.

Paulus weist uns jedoch unmissverständlich auf das Problem hin: Reichtum und materielle Güter sind ein unsicheres Pferd. Die Weltwirtschaftskrise hat uns das erneut bewiesen. Als die Krise hereinbrach und man ihre Auswirkungen noch nicht einschätzen konnte, bekamen wir Christen die einmalige Gelegenheit, der Welt um uns herum zu zeigen, dass es im Leben um mehr geht als um sichere Rentenfonds. Aber haben wir das wirklich gezeigt? Einige von uns sicherlich, doch viele sind gemeinsam mit ihren nicht christlichen Nachbarn in Panik verfallen. Wie auch immer unsere Reaktion ausgefallen sein mag, wurde sie laut Paulus dadurch gesteuert, woran letztlich unser Herz hängt.

Hängen wir unser Herz an Gott oder an unser Bankkonto? Unser Verhalten angesichts der Finanzkrise bringt die Antwort ans Licht. Ein Herz, das auf Gott ausgerichtet ist, begreift die eine, Freude stiftende Wahrheit: Gott freut sich, uns etwas zum Genuss darzureichen. Er ist ein gebender Gott. Großzügigkeit ist eins seiner Wesensmerkmale. Wenn er gibt, gibt er im Überfluss. Vertraut unser Herz jedoch beispielsweise auf eine dicke private Rentenversicherung, dann verlieren wir den Blick dafür, wie reich uns Gott bisher gesegnet hat. Sehen wir denn nicht mehr, dass Gott uns auch durch Dinge beschenkt, die uns auf einem schlichten Abendspaziergang begegnen? Die Fähigkeit, unsere Beine zu bewegen und laufen zu können, ist nicht selbstverständlich, sondern ein unglaubliches Geschenk. Ebenso die Fähigkeit, die Landschaft und den Sonnenuntergang mit unseren Augen betrachten und die kunstvoll gestalteten, wohlriechenden Pflanzen am Wegesrand wahrnehmen zu können. Auch das herzerwärmende Gefühl des zu Hause Seins, das dem freundlichen Gruß des Nachbarn von gegenüber entspringt. Wenn wir uns dessen bewusst sind, dass jeder einzelne Aspekt des Abendspaziergangs ein Geschenk Gottes ist, was für ein Licht wirft das dann erst auf unser Zuhause, unseren Ehemann, unsere Freundschaften, unsere Gesundheit und unseren Beruf?

Weil wir in einer gefallenen Welt leben, ist natürlich keins dieser Dinge perfekt, doch der Geber aller Gaben hat alles perfekt für jeden von uns arrangiert. In diesem Sinne, ist alles, was uns in unserem Leben begegnet – auch die nicht so perfekten oder regelrecht herausfordernden Dinge –, haargenau so, wie es sein soll. Wenn unser Herz auf Gott gerichtet ist, verstehen wir nicht nur diese tiefe Wahrheit, sondern können wir auch gar nicht anders, als uns über die Segnungen unseres himmlischen Vaters von Herzen zu freuen.

Freude – auch in Schwierigkeiten

*»Haltet es für lauter Freude, meine Brüder, wenn
ihr in mancherlei Versuchungen geratet.«*
Jakobus 1,2

Eine gute Freundin von mir zitierte diesen Vers kürzlich
– aus dem Grund, aus dem er meistens bemüht wird:
Jemand erlebt Niedergeschlagenheit inmitten von Schwierigkeiten. In der Tat verspürte ich kein Fünkchen Freude
in der Anfechtung, in der ich zu dem Zeitpunkt steckte.
Genauer gesagt, steckte ich in schwerwiegenden Problemen. Meine Freundin erinnerte mich an die Souveränität
Gottes auch angesichts der Umstände. Doch dieser wohlgemeinte Fingerzeig linderte nicht wirklich meine Not
und konnte auch meine Freude nicht wiederherstellen. Ich
war so auf eben diese Umstände fixiert, dass ich die
Situation nicht mehr aus dem biblischen Blickwinkel
betrachten konnte. Wenn wir in unseren Problemen
gefangen sind, anstatt auf Gott und in sein Wort zu
schauen, dann ist unsere Wahrnehmung der Realität
verzerrt.

Weil Gott sich oft mehr um unsere Freude sorgt als wir
selbst, lässt er uns in unserem Elend nicht allein. Er

versucht, uns den Blickwinkel für die Wirklichkeit frei-
zuschaufeln und uns klarzumachen, dass er immer noch
Herr der Lage ist. Gott streitet für uns und bewirkt in uns
eine demütige Herzenshaltung, die uns erkennen lässt,
dass Gott ein fürsorglicher Vater und ein mitfühlender
Freund ist. Er führt uns in schwierige Situationen, um uns
unsere Bedürftigkeit in Bezug auf Gnade und auf eine tiefe
Beziehung zu ihm vor Augen zu stellen. Solch eine demütige Haltung ist notwendig, um alles »für lauter Freude zu
halten«.

Die Freude in Anfechtungen wurzelt niemals in den
schwierigen Umständen, die uns zu schaffen machen.
Vielmehr beginnt sie dann zu wachsen, wenn wir auf-
hören, uns gegen Gottes Handeln zu wehren und uns mit
seinen Zielen und Absichten zu identifizieren, die uns
immer und ausnahmslos zum Besten dienen. Was es auch
immer für Schwierigkeiten sein mögen – selbst wenn wir
sie durch unsere eigene Sünde verursacht haben –, wir
können ihre Lösung getrost in Gottes Hände legen. Wir
müssen uns nicht das Hirn über jedes Detail zermartern
und verzweifelt versuchen, die Angelegenheit selbst in
den Griff zu bekommen. Wenn uns die Bibel keine direkte
Problemlösung aufzeigt, dann brauchen wir uns mitten in
unserem Schmerz lediglich an Gott zu klammern und ihm
zu vertrauen, dass er die Situation auf seine Weise ent-
schärft. Vertrauen wir uns so seiner Führung an, werden
wir uns sehr bald seiner Freundlichkeit, Macht und guten
Absichten (zumindest mancher von ihnen) bewusst. Und
die Freude wird wieder Einzug halten, auch wenn sich die
Umstände nicht verändern. Alles für lauter Freude zu

halten, wozu uns Jakobus auffordert, bedeutet mehr als nur der Auffassung zu sein, dass Gott es besser weiß als wir. Es bedeutet, unser Herz im Angesicht des Schmerzes, den Gott uns zumutet, zu demütigen und darauf zu vertrauen, dass sich seine Liebe und Fürsorge wie ein roter Faden durch die kleinste Faser unserer Umstände ziehen.

Freude – im Heute

»Dies ist der Tag, den der Herr gemacht hat!
Seien wir fröhlich und freuen uns in ihm!«
Psalm 118,24

Heute ist der Tag der Freude, nicht morgen, nicht gestern und nicht nächste Woche. Viel zu oft gründet sich unsere Freude auf das, was wir uns vom nächsten Tag erhoffen, weil uns der heutige nicht schmeckt. Natürlich, so dramatisch ist es zwar nicht, aber die Eintönigkeit des Alltags langweilt uns und wir erhoffen uns etwas Aufmunterung von der ersten Abwechslung, die sich am Horizont abzeichnet.

Für manche von uns ist die Eintönigkeit des Alltags vielleicht das geringste Problem, weil unser Leben gerade etwas aus den Fugen gerät. Wir kämpfen uns durch eine Krise oder Verlusterlebnisse und sehen keinen Grund, warum wir uns über das freuen sollten, was uns der heutige Tag bringt.

Andere wiederum sehen sich außerstande, noch einen einzigen Tag angesichts scheinbar unbeantworteter Gebete zu überstehen – die alleinstehende Frau, die sich morgens zu ihrer Arbeitsstelle quält, weil sie sich nichts sehnlicher wünscht als eine Familie, für die sie zu Hause sorgen kann. Oder die verheiratete, kinderlose Frau, die wieder einmal die freudige Nachricht über eine weitere werdende Mutter in ihrem Freundeskreis verdauen muss.

Sei es der eintönige Alltag oder eine handfeste Krise oder irgendetwas zwischen diesen beiden – Tatsache ist, dass alles genau so ist, wie es sein sollte, weil Gott es so angeordnet hat. »*Der Gott, der die Welt gemacht hat und alles, was darin ist, er, der Herr des Himmels und der Erde, wohnt nicht in Tempeln, die mit Händen gemacht sind, auch wird er nicht von Menschenhänden bedient, als wenn er noch etwas nötig hätte, da er selbst allen Leben und Odem und alles gibt. Und er hat aus einem jede Nation der Menschen gemacht, dass sie auf dem ganzen Erdboden wohnen, wobei er festgesetzte Zeiten und die Grenzen ihrer Wohnung bestimmt hat*«, sagt Paulus in Apostelgeschichte 17,24-26. Und der Psalmist lobt Gott mit folgenden Worten:

> »*Meine Urform sahen deine Augen.*
> *Und in dein Buch waren sie alle eingeschrieben,*
> *die Tage, die gebildet wurden,*
> *als noch keiner von ihnen da war.*«
> Psalm 139,16

Wo wir leben, unser Familienstand, die Familie, in der wir leben, unser Bankkonto – sogar das Wetter draußen – befinden sich unter der souveränen Herrschaft und Führung unseres himmlischen Vaters. Sogar die Haare auf unserem Haupt sind gezählt (Mt 10,30).

Was bedeutet das für uns? Wenn wir uns nicht über den heutigen Tag freuen können – oder wollen –, dann bedeutet das, dass wir Gottes Fürsorge für uns in Frage stellen. Und es bedeutet, dass wir glauben, bessere Ideen für den heutigen Tag zu haben, die Gottes Plan überlegen sind. Es bedeutet, dass wir kein Vertrauen haben. Es bedeutet, dass wir rebellieren. Weil unser freundlicher, großzügiger und liebender Gott unser Heute »*in allem geordnet und bewahrt*« hat (2Sam 23,5), haben wir Grund zur Freude, unabhängig davon was der Tag uns bringt und selbst in den schmerzhaftesten Umständen.

Denken Sie trotzdem immer auch an die Segnungen, die Gott Ihnen an diesem Tag schenkt. Eine meiner Bekannten hat sich das ganz bewusst vorgenommen, und immer wenn sie morgens an ihrer Arbeitsstelle ankommt, hat sich ihre Stimmung bereits von Trübsal in Freude verwandelt. Sie dankt Gott für ihren Radiowecker, der sie mit ihrem Lieblingslied weckte. Sie dankt ihm für einen Schrank voll Kleidung, wenn sie sich etwas zum Anziehen heraussucht, und für den Duft des frisch gekochten Kaffees in der Küche, während sie sich ankleidet. Sie dankt ihm für die 30 Minuten Stille, die sie vor der aufgeschlagenen Bibel und im Gebet verbringen kann, während zwei Vögelchen vor ihrem Fenster zwitschern. Sie dankt ihm für die Tatsache, dass sie zum Bus laufen kann und dort ein leerer Platz auf sie wartet. Sie dankt Gott für die Wolken, die die Arbeit im Büro an einem heißen Sommertag etwas erträglicher machen. Wenn sie bei ihrer Arbeitsstelle ankommt, dankt sie Gott für ihre Kollegen, für die Arbeit, die sie bereits auf ihrem Platz erwartet und für die feste Anstellung, die sie haben darf. Was sonst wahrscheinlich ein eintöniger Tag werden würde, hat sich schon um 9 Uhr morgens in einen Freudentag verwandelt.

Wenn wir uns heute freuen wollen – egal, wie der Tag auch werden mag –, müssen wir uns nur vor Augen führen, dass dies der Tag ist, den der Herr gemacht hat und uns dann entscheiden, uns an ihm zu freuen und fröhlich in ihm zu sein.

Freude – über
Gottes Fürsorge

»Freut euch allezeit! Betet unablässig! Sagt in allem Dank!
Denn dies ist der Wille Gottes in Christus Jesus für euch.«
1. Thessalonicher 5,16-18

Wir sind ungemein fasziniert von Büchern und Predigten, die vom Willen Gottes für unser Leben handeln. Manchmal ist dieses Interesse jedoch nicht so sehr vom Wunsch motiviert, Gott zu gefallen. In Wirklichkeit wollen wir eher unsere eigenen Bedürfnisse befriedigen. Wir wollen einen Freifahrtschein ins Glück, und wir wissen, dass Gott die Macht hat, es uns zuteil werden zu lassen. Doch was Gott für uns im Sinn hat, ist nicht unser zeitliches Glück ohne Tiefgang. Deshalb will es uns auch nicht richtig glücken, ihn für unsere eigenen Zwecke »vor den Karren zu spannen«. Wir werden solange gierig nach jedem Buch, Blog oder jeder Predigt über Gottes Führung greifen und darin nach der einschlägigen Formel suchen, bis wir einmal die Kategorie von Glück geschmeckt haben, die Gott eigentlich für uns gedacht hat.

Die Heilige Schrift ist unser Garantieschein für göttliche Führung und die Erkenntnis seines Willens und liefert uns die Messschnur, an der wir unser Leben ausrichten können. Allerdings werden wir vergeblich suchen, wenn wir auf konkrete Schritt-für-Schritt-Anweisungen aus sind, anstatt nach Entscheidungsprinzipien Ausschau zu halten. Die Bibel gibt uns Leitlinien an die Hand, an denen wir beispielsweise ablesen können, was Gott gefällt und was nicht oder was weise und was töricht ist. Indem wir diese Prinzipien beherzigen, setzten wir Gottes Willen individuell in die Tat um.

Paulus nennt drei Dinge, die dem Willen Gottes für unser Leben entsprechen: »*Freut euch allezeit! Betet unablässig! Denn dies ist der Wille Gottes in Christus Jesus für euch*« (1Thes 5,16-18). Es geht um die Aufforderung zur Freude, zur Dankbarkeit und zum anhaltenden Gebet unabhängig von den jeweiligen Umständen. Diese drei Dinge sind untrennbar miteinander verknüpft. Dankbarkeit und Gebet bringen Freude hervor.

Der Umkehrschluss daraus ist ebenso zulässig: Pessimismus und Murren sind unmittelbar mit einer depressiven Geisteshaltung verbunden. Folgerichtig geben wir uns dann ohne Weiteres einem sündhaften Negativismus hin. Wir betrachten alles durch die »Das-Glas-ist-halb-leer«-Brille, beklagen uns über unsere Lebensumstände und opfern dafür unsere Freude und unseren Frieden. Dabei ergibt es noch nicht einmal Sinn. Indem wir uns von Herzen freuen und dankbar sind, bringen wir zum Ausdruck: »Nicht mein Wille, Herr, sondern dein Wille geschehe.« Freude und Dankbarkeit sind die Grundbedingungen der Demut und der Weg, auf dem Gott unsere Herzen mit seinen guten Absichten verbindet. Das ist Gottes Wille, und wenn wir ihn beherzigen, wird die

Freude zu einem unserer Wesensmerkmale – und das Erkennen des göttlichen Willens für unser Leben auch in den kleinen und untergeordneten Dingen wird uns nicht mehr schwerfallen.

Freude – trotz unseres Versagens

»Der Geist des Herrn, HERRN, ist auf mir; denn der Herr hat mich gesalbt. Er hat mich gesandt, den Elenden frohe Botschaft zu bringen, zu verbinden, die gebrochenen Herzens sind, Freilassung auszurufen den Gefangenen und Öffnung des Kerkers den Gebundenen, auszurufen das Gnadenjahr des Herrn und den Tag der Rache für unsern Gott, zu trösten alle Trauernden, den Trauernden Zions, ihnen Kopfschmuck statt Asche zu geben, Freudenöl statt Trauer, ein Ruhmesgewand statt eines verzagten Geistes, damit sie Terebinthen der Gerechtigkeit genannt werden, eine Pflanzung des Herrn, dass er sich durch sie verherrlicht.«

Jesaja 61,1-3

Die Segnungen durch den Messias, die Jesaja uns vorhergesagt hat, sind allesamt Realität geworden. In Jesus haben wir Heilung für unsere verwundeten Herzen, Befreiung von Schuld, die uns gefangen nimmt, Trost im Leid, Schönheit statt Asche, Freude trotz bedrückender Umstände, die Stärke der Gerechtigkeit und ein Loblied, das stärker ist als die Angst.

Das Problem ist nur, dass wir uns das verwundete Herz, die Bindungen, das Leid und die Asche eingestehen müssen, bevor wir den Trost, die Freiheit und die Schönheit erfahren und verstehen können. Und weil das so ist, ist die schmerzhafte Seite der Dinge immer ein Teil unseres Lebens. Was für ein Segen, dass Freude nicht auf die Zeiten beschränkt ist, in denen wir getröstet und stark daherkommen! Manchmal erfahren wir sie umso mehr im Leid und in der Schwachheit, und das ist ganz sicher dann der Fall, wenn wir uns mitten in unserem Schmerz an Gott klammern anstatt aus eigener Kraft gegen die Schwierigkeiten anzukämpfen.

Wir alle kennen die Spuren von Asche in unserem Leben, die die Trümmer unserer eigenen Sünde oder die der Sünde anderer hinterlassen haben. Und genau aus diesen Trümmern macht Jesus etwas Großartiges. Er tat es im Leben von Maria Magdalena, von Petrus und von der Frau am Jakobsbrunnen. Er tut es in meinem Leben und in ihrem. Unser Versagen verwandelt er in etwas Neues und Ehrbares, einen wunderschönen Kopfschmuck, der uns nur auf diesem Weg zuteil werden kann. Das Scheitern, das unser Leben brandmarkt, ist niemals das Ende der Geschichte. J. I. Packer schreibt dazu:

»Gott kann und wird uns die Jahre erstatten, die die Heuschrecken gefressen haben (siehe Joe 2,25). Die Bibel führt uns viele Gläubige vor Augen, die schwerwiegende und zum Teil schreckliche Fehler begingen, weil sie den Willen Gottes für ihr Leben missachteten. Jakob betrog seinen Vater, Moses tötete einen Ägypter, David zählte das Volk, Petrus stellte sich gegen nichtjüdische Gläubige – und keiner von ihnen wurde zum

Gottesmann zweiter Klasse degradiert. Im Gegenteil, jeder von ihnen erfuhr Vergebung und Wiederherstellung. So und nicht anders sieht das Leben der Gläubigen aus.«[7]

Ein haderndes Bedauern ist schreckliche Verschwendung. Warum sollen wir darin unnötig verharren, wenn etwas so Wunderbares auf uns wartet? Der Weg zur Freude mitten in unserem Versagen beginnt mit dem Blick auf Jesus und der Bitte, dass er unsere Asche durch Schönheit ersetzt. Lassen Sie uns danach Ausschau halten und darauf harren – in freudiger Erwartung.

Freude – über Gottes vollkommene Umsicht

»Alles hat er schön gemacht zu seiner Zeit.«
Prediger 3,11

Die nett gemeinten, wahllos vorgebrachten Spekulationen über Gottes Absichten in schwierigen Lebenssituationen sind selten hilfreich und oftmals (wenn nicht sogar ausnahmslos) unzutreffend. »Natürlich ist diese Situation jetzt sehr unangenehm für Sie, aber vielleicht wollte Gott ja, dass sie Frau So-und-so zum Segen wird.« Solche Bemerkungen spenden nicht zuletzt deshalb wenig Trost, weil sie unausgesprochen davon ausgehen, dass Gott das Wohl des einen zugunsten eines anderen opfert. Auch der Wahrheitsgehalt solcher Aussagen ist nicht allzu hoch, denn Gottes Größe geht weit über das Gottesbild hinaus, das sich hinter diesen und ähnlichen Worten verbirgt.

Erstens ist die Dimension seiner Liebe eine viel größere. *»Der Herr ist gut gegen alle, sein Erbarmen ist über alle seine Werke«* (Ps 145,9). Gottes Güte und Gnade überschatten jedes Individuum, egal in welchen Umständen, an welchem Wendepunkt und zu welcher Zeit. Zweitens durchblickt unser allwissender und allmächtiger Gott souverän jedes einzelne Molekül, jedes einzelne Ereignis und jedes einzelne Leben bis ins kleinste Detail. »*Im Gewandbausch schüttelt man das Los, aber all seine Entscheidung kommt vom Herrn*« (Spr 16,33).

Weil Gott so groß ist, können wir sicher sein, dass unser Leiden niemals nur zum Wohle eines anderen existiert. Es dient genauso gut unserem eigenen Wohl. Gottes Absichten, die er mit jedem menschlichen Leid verfolgt, befinden sich jenseits unseres Verstandes und sind daher unergründlich. Doch wer auch immer es ist, der Leid ertragen muss, und wie auch immer die Situation ausgehen mag: Immer muss es dazu dienen, dass Gott auf irgendeine Weise vor den Augen aller Beteiligten geehrt wird. Zwar erkennen wir diesen Effekt nicht immer sofort, und manchmal bleibt er uns auch für immer verschlossen, doch wir können uns darauf verlassen. Gottes Wort zeugt davon, dass er alles schön macht zu einer Zeit, die er bestimmt, um die Schönheit zu enthüllen. In diesem Wissen kann sich unser Herz unabhängig von allen Widrigkeiten freuen, die uns und unsere Lieben ereilen mögen. Philip Ryken schreibt:

»Das ›Schöne‹ ist etwas Gutes; es ist genau richtig, erfreulich und passend. In diesem Sinne kann Gott mit Fug und Recht von sich sagen, immer zur rechten Zeit zu handeln. Welchen Zeitpunkt er auch wählt – immer ist es eine Punktlandung. Er weiß, wann die Zeit ist, um abzureißen und aufzubauen, um zu bewahren und fortzuwerfen, für Krieg und für Frieden. Wenn der Prediger sagt, dass Gott ›*alles schön gemacht hat zu seiner Zeit*‹ (Pred 3,11), dann meint er damit nicht in erster

Linie die Art und Weise, wie Gott die Welt geschaffen hat, sondern die Art und Weise, wie er die Welt seitdem gelenkt hat. Die Entwicklungsphasen der Natur und die Geschicke des Menschen befinden sich seitdem unter seiner souveränen Herrschaft und seiner vorausschauenden Fürsorge. Vom Anfang bis zum Ende handelt Gott vollkommen und planmäßig.«[8]

Aus diesem Grund ist Freude immer möglich – unabhängig vom Gang der Dinge.

Freude – im Gebet

Befinden Sie sich auf Kriegsfuß mit dem Thema Gebet? Vielleicht zweifeln Sie daran, dass Sie das Gebet richtig angehen? Vielleicht haben Sie Sorge, Sie könnten für die falschen Dinge beten? Vielleicht sind Sie unsicher, wo genau Sie Ihr Sündenbekenntnis anbringen sollen? Muss man Gott zunächst jede bewusste Sünde bekennen, bevor man ihn überhaupt um irgendetwas bitten darf? Vielleicht haben Sie keine Mühe damit, für die ganz großen Dinge zu beten – den rebellischen Teenager, die Krebserkrankung, die Arbeitslosigkeit. Doch wenn es um die scheinbar trivialen Anliegen geht wie hormonell bedingte Stimmungs-schwankungen, den bevorstehenden Besuch der Schwieger-eltern, den Ausschluss von einem bestimmten gesell-schaftlichen Ereignis, trauen Sie sich nicht recht, auch diese vor Gott zu bringen aus Angst, er könnte sich dafür nicht interessieren. Schließlich wollen Sie ihn ja nicht mit Banalitäten langweilen. Kommen Ihnen diese Bedenken irgendwie bekannt vor? Ja? Dann stehen Sie nicht allein. Viele Menschen leben mit falschen Vorstellungen im Hinblick auf das Gebet, und Gott wartet nur darauf, dass er Sie aufklären kann, damit Sie ein freudiger Beter werden.

Freude im Gebet beginnt mit der Erkenntnis, dass Gott sich für jede Einzelheit unseres Lebens interessiert. Sein Interesse reicht so weit, dass er jedes Haar auf unserem Kopf gezählt hat (Mt 10,30). Deshalb ist nichts zu nebensächlich, um es im Gebet vor ihn zu bringen. Jesus lehrte seine Jünger, sich Gott so zu nähern wie ein Kind seinem Vater – mit ungeschönten Worten und der Erwartung, Gehör und Hilfe zu empfangen.

Gebet ist ein unglaubliches Geschenk. Es ist die göttlich verordnete Art und Weise der Kommunikation des Menschen mit Gott. Es ist die Gelegenheit, Gott zu sagen, wie anbetungswürdig und ehrfurchtgebietend er ist und ihm für alles zu danken, was er jemals für uns getan hat und noch tun wird. Durch das Gebet haben wir auch die Möglichkeit, Gott all unsere Sorgen und Nöte zu sagen – wirklich alle. Dabei gibt es keine Grenzüberscheitung; Gott wird unserer Klagen niemals überdrüssig. Im ersten Brief an die Thessalonicher fordert Paulus auf, unablässig zu beten (5,17). Im Gebet können wir erst recht die Dinge vor Gott ausbreiten, die wir auch mit Menschen besprechen, die uns sehr nahestehen. Gott möchte nicht, dass wir an unserem Leben leiden und zerbrechen. Stattdessen rät er den Philippern: *»Seid um nichts besorgt, sondern in allem sollen durch Gebet und Flehen mit Danksagung eure Anliegen vor Gott kundwerden«* (Phil 4,6). Quält Sie vielleicht ein familiäres Problem? Wie steht es mit Sorgen bezüglich Finanzen, Gesundheit, Freundschaften oder ihres Ziels im Leben? Gott interessiert alles, was Sie bedrückt. Nichts, aber auch absolut nichts befindet sich außerhalb des Aktionsradius' seiner liebenden Aufmerksamkeit und Fürsorge.

Doch wir sind nicht nur eingeladen, Gott unsere Sorgen zu klagen, sondern wir dürfen ihn ebenso inständig um konkrete Dinge bitten, die wir benötigen. Jesus lehrt uns, für unser tägliches Brot zu beten, wobei er damit mehr meint als nur die bloße Nahrung. Er bezieht sich auf unsere alltäglichen Bedürfnisse. Obwohl Gott bereits weiß, was wir brauchen, bevor wir ihn darum bitten, hat er es so eingerichtet, dass unsere Versorgung durch Gebet sichergestellt wird. Die Bibel sagt uns: »*Und dies ist die Zuversicht, die wir zu ihm haben, dass er uns hört, wenn wir etwas nach seinem Willen bitten. Und wenn wir wissen, dass er uns hört, was wir auch bitten, so wissen wir, dass wir das Erbetene haben, das wir von ihm erbeten haben*« (1Jo 5,14-15). Wenn wir um etwas bitten, was dem Willen Gottes entspricht, können wir sicher sein, es auch zu empfangen.

Das mag so sein, doch Johannes möchte uns hier auf einen anderen Punkt aufmerksam machen. Diejenigen, die ein Gott hingegebenes Leben führen und ihm in allen Dingen gefallen möchten, befinden sich dadurch viel eher im Einklang mit seinem Willen. Gebete, von deren Erhörung wir ausgehen können, könnten etwa so lauten:

»Vater, bitte heile diese Krebserkrankung, wenn es deiner Ehre dient. Doch sollten ich und andere Menschen dadurch mehr über deine Liebe erfahren, indem du keine Heilung schenkst, dann belass es dabei.«

»Herr, wenn ich dir besser als Ehefrau dienen kann, dann schenk mir einen Ehemann. Wenn nicht, dann möchte ich Single bleiben.«

»Vater, du weißt, wie dringend ich ein eigenes Einkommen benötige, und ich habe mich immer und immer wieder darum bemüht. Aber vielleicht hast du ja einen anderen Weg für mich geplant. Bitte leite du mein Leben auf der Bahn, die du für mich vorgesehen hast, damit ich nah bei dir sein und anderen deine Herrlichkeit zeigen kann.«

Die Bibel sagt uns nichts über Gottes Willen in speziellen und einzelnen Situationen, aber wir können Gott unsere Sorgen anvertrauen und ihn darum bitten, dass sein Wille geschieht. Wenn wir das tun, können wir mit einem guten Ausgang rechnen, ganz gleich wie dieser auch aussehen mag.

Das Beten wird eine freudlose Angelegenheit bleiben, wenn wir es lediglich als einen der vielen Punkte auf unserer persönlichen To-do-Liste betrachten. Gebet, das uns in die Gegenwart Gottes bringt und uns mit seiner Agenda vertraut macht, erfüllt unser Herz mit Freude.

Freude – durch ein weises Urteilsvermögen

»Die feste Speise aber ist für Erwachsene, die infolge der Gewöhnung geübte Sinne haben zur Unterscheidung des Guten wie auch des Bösen.«
Hebräer 5,14

Wann ist ein tadelndes, wann ein tröstendes Wort angebracht? Wann sollten wir auf die Umstände reagieren, wann uns besser zurückhalten und auf Gottes Eingreifen warten? Weisheit ist die Fähigkeit, die jeweils richtige Anwendung des Wortes Gottes auf eine konkrete Lebenssituation zu erkennen. In der Bibel finden wir eine Menge schwarz-weiß gezeichneter Antworten, bei denen richtig und falsch jeweils klar erkennbar ist. Viele Bereiche unseres täglichen Lebens sind jedoch eher Grauzonen, in denen uns die schwarz-weißen Antworten nicht weiterzuhelfen scheinen oder auf die sie so einfach nicht anwendbar sind.

Wie soll eine Mutter ihre Tochter im Teenageralter lieben, die sich einer Gruppe von halbstarken Randalierern angeschlossen hat? Wie sollen wir einer Freundin helfen, die im Begriff steht, eine lebensverändernde Entscheidung zu treffen, die wir so nicht unterstützen können? Sollen wir sie mit der Wahrheit konfrontieren oder einfach nur beten? Weihen wir Dritte in die Angelegenheit ein oder wäre das ein Vertrauensbruch? Selbst unsere Bemühungen, andere zu lieben und ihnen Gutes zu tun, sind von Sünde durchzogen. Deshalb brauchen wir geistgeleitete Weisheit, selbst wenn es darum geht, andere zu lieben.

Geistlich weises Urteilsvermögen befähigt uns, zwischen gut, besser und am besten zu unterscheiden und Gottes Wort behutsam auf jede Situation individuell anzuwenden. Die Liebe ist jedoch die Grundvoraussetzung, denn der Motor für geistlich weises und geistgeleitetes Handeln ist immer Liebe. Ein Elternteil mag zwar beurteilen können, wann es notwendig ist, ihr Kind zu bestrafen, doch wenn die Ausführung der Strafe nicht von Milde und Güte gezeichnet ist, wird sie eher von Zorn als von Liebe gesteuert. Weises Urteilsvermögen ohne Liebe bringt kein gottgefälliges Handeln hervor; vielmehr verdient es noch nicht einmal das Attribut »weise«, zumindest nicht im biblischen Sinn. Paulus schreibt an anderer Stelle: »*Und wenn ich Weissagung habe und alle Geheimnisse und alle Erkenntnis weiß und wenn ich allen Glauben habe, so dass ich Berge versetze, aber keine Liebe habe, so bin ich nichts*« (1Kor 13,2).

Weises Urteilsvermögen bringt erst in der Verbindung mit Liebe ein Handeln hervor, das allen Beteiligten zum Besten dient und Gott Ehre bereitet. Solch einem weisen Urteilsvermögen folgt die Freude stets auf dem Fuß.

Freude – durch Vertrauen

»Freut euch im Herrn allezeit! Wiederum will ich sagen: Freut euch! Eure Milde soll allen Menschen bekannt werden; der Herr ist nahe. Seid um nichts besorgt, sondern in allem sollen durch Gebet und Flehen mit Danksagung eure Anliegen vor Gott kundwerden; und der Friede Gottes der allen Verstand übersteigt, wird eure Herzen und eure Gedanken bewahren in Christus Jesus.«
Philipper 4,4-7

Wenn wir sorgenvollen Gedanken das Steuer überlassen, bekommt die Angst Macht über uns und wird so zur Gewohnheit. Es kann sein, dass Sie haargenau wissen, was ich damit meine. Wenn dem so ist, dann bitte ich Sie, über folgende Aussage nachzudenken: Weil Freude Gottes Willen für unser Leben entspricht, können wir darauf vertrauen, dass er ebenfalls unsere Befreiung von der Angst möchte.

Das biblische Gegenmittel zur Bekämpfung der Angst ist das Gebet. Paulus fordert uns auf: *»Freut euch allezeit!«*, was nur deshalb möglich ist, weil *»der Herr nah ist«*. Er ist überall und in allem gegenwärtig. Es gibt nichts, was uns oder unser Leben betrifft und nicht von seiner Liebe, seiner Güte und seiner Macht regiert wird. Paulus schreibt, dass unsere Milde allen Menschen bekannt werden soll.

Obwohl manchmal der Eindruck entstehen könnte, dass es unmöglich ist, sich gegen die Angst zur Wehr zur setzen, so ist es in Wahrheit keine unlösbare Aufgabe, da Gott uns in der Bibel niemals zu etwas auffordert, ohne uns zuvor entsprechend ausgerüstet zu haben. Die Ausrüstung, auf die uns der Philipperbrief verweist, ist das Gebet, mit dessen Hilfe wir unsere Sorgen direkt vor Gott bringen, anstatt uns darüber den Kopf zu zerbrechen. Nichts liegt außerhalb unserer Reichweite. Laut Paulus steht uns das Gebet »in allem« zur Verfügung. Das bedeutet, dass es nichts gibt, womit wir Gott nicht bestürmen könnten. Manchmal zieren wir uns, ihn mit den Nebensächlichkeiten des Lebens zu belagern, doch Paulus schreibt ausdrücklich »in allem«. Jesus selbst hat gesagt, dass Gott die Haare auf unseren Häuptern gezählt hat – etwas, für das wir uns niemals die Zeit nehmen würden. Wenn Gott sogar die Anzahl unserer Haare kümmert, dann interessieren ihn mit Sicherheit die Dinge in unserem Leben, die uns Kopfschmerzen bereiten. Haben Sie Kummer in einer Beziehung? Mit Ihrem Körpergewicht? Mit Vertrautheit in Ihrer Ehe? Was auch immer es sein mag: Gott heißt uns willkommen, wenn wir uns betend an ihn wenden.

Paulus verrät uns auch, wie wir dieses Gegenmittel im Kampf gegen die Angst anwenden sollen: mit Flehen und Danksagung. Unser Part ist es, all unseren Kummer, unsere Hoffnungen, Sehnsüchte und Bedürfnisse vor Gott auszubreiten und ihm dann bereits dafür zu danken, dass er so für uns sorgen wird, wie es für uns am besten ist. Wären wir allein auf weiter Flur und müssten selbst herausfinden und entscheiden, was für unser Leben und das unserer Lieben das Beste ist, dann wäre unsere Angst mehr als berechtigt. Gott ist der Einzige, der alles überblickt – die Vergangenheit, die Gegenwart und die Zukunft. *»Denn meine Gedanken sind nicht eure Gedanken, und eure Wege sind nicht meine Wege, spricht der Herr. Denn so viel der Himmel höher ist als die Erde, so sind meine Wege höher als eure Wege und meine Gedanken als eure Gedanken«* (Jes 55,8-9).

Es ist Gottes Wille, dass wir frei sind von Angst. Ist das nicht Grund zur Freude? Er möchte, dass wir die Erfahrung machen, dass er gut für uns sorgt. Er möchte, dass wir darauf vertrauen, dass er alles unter Kontrolle hat, auch wenn unser Weg dunkel ist und wir kein Zeichen seiner Güte sehen können. Gott ist gut zu uns – zu jedem und zu jeder Zeit. Sorge, Angst und Stress rauben uns die Freude, doch im Vertrauen auf Gott gewinnen wir sie zurück. Paulus wusste darum. Und Paulus glaubte es. Deshalb konnte er nicht anders als Freude auszustrahlen. Wenn wir in Christus sind, haben wir dasselbe Privileg – und tragen dieselbe Freude in uns.

Freude – weil wir volles Genüge haben

»Mein Gott aber wird alles, wessen ihr bedürft, erfüllen nach seinem Reichtum in Herrlichkeit in Christus Jesus.«
Philipper 4,19

Mit kurzen, prägnanten Worten am Ende des Philipperbriefes bringt Paulus seinen Dank gegenüber den Philippern darüber zum Ausdruck, dass sie sich um einige seiner materiellen Bedürfnisse gekümmert haben. Seine Dankbarkeit lag nicht so sehr in den Annehmlichkeiten begründet, die man ihm dadurch verschafft hatte, sondern vielmehr in der von Liebe gezeichneten Beziehung, die durch die Gaben zum Ausdruck kam.

Laut Paulus ist Großzügigkeit stets im Rahmen des Möglichen. Wir können es uns leisten, freigiebig mit unserem Geld, unserer Zeit und unseren Talenten – eben mit all unserem Potenzial – umzugehen, denn Gott versorgt uns mit allem, was wie brauchen – wie ein Brunnen, der niemals versiegt. Obwohl Paulus diese Aussage im Zusammenhang mit dem Thema des Gebens macht, betrifft Gottes Fürsorge jeden Bereich unseres Lebens. Gott verspricht uns, sich um all unsere Bedürfnisse zu kümmern.

Was für eine großartige Zusage! Gottes Fürsorge beschränkt sich nicht auf den geistlichen Bereich unseres Lebens. Vielmehr ist sie eine Vollversorgung, die alles abdeckt. Das bedeutet, dass es absolut nichts gibt, was wir nötig hätten, für dessen Vorhandensein Gott nicht bürgen würde. Natürlich schließt das nicht mit ein, dass wir alles bekommen, was wir wollen, obwohl Gott uns sicherlich auch so manchen Herzenswunsch erfüllt. Er ist nicht kleinlich. Wie jeder gute Vater überhäuft er seine Kinder von Herzen gerne mit allerlei Gutem. Und wie jeder gute Vater weiß er auch, welche Dinge er uns besser nicht in die Hand gibt, weil sie nicht gut für uns wären.

Glauben wir wirklich an die Wahrheit dieser Verheißung, dass Gott all unsere Bedürfnisse – unsere wirklichen Bedürfnisse – stillen wird? Vielleicht können wir uns an eine Situation erinnern, in der Gott uns scheinbar im Stich ließ. Wir haben einen Wunsch nicht erfüllt bekommen, obwohl wir davon überzeugt waren, dass wir die betreffende Sache dringend gebraucht hätten. In Wahrheit benötigen wir jedoch vieles von dem nicht, auf das wir unserer Meinung nach auf keinen Fall verzichten können. Wir verwechseln so leicht unsere Bedürfnisse mit unseren Wünschen, und oftmals erkennt nur unser guter, weiser Vater im Himmel den Unterschied. Jesus sagte: »*Wenn nun ihr, die ihr böse seid, euren Kindern gute Gaben zu geben wisst, wie viel mehr wird euer Vater, der in den Himmeln ist, Gutes geben denen, die ihn bitten!*« (Mt 7,11).

Wir dürfen fest vertrauen, dass Gott uns immer das gibt, was das Beste für uns ist und keines unserer Bedürfnisse unerfüllt lässt. Das Maß, nach dem er seine Gaben austeilt, so Paulus, ist »*nach seinem Reichtum in Herrlichkeit in Christus Jesus*«. Was genau bedeutet das? James Boyce hat es in einer Predigt einmal folgendermaßen ausgedrückt: »Glauben Sie nicht, dass Ihre Bedürfnisse Gottes Quellen und Vorräte jemals erschöpfen könnten, und seien die Bedürfnisse noch so zahlreich. Kann das Endliche das Unendliche zum Versiegen bringen? Kann das Bestechliche das Unbestechliche überwältigen? Kann ein kleiner Teil das Ganze übermannen? Kann ein Mensch Gott erschöpfen? Unmöglich.«

Gott stillt jedes unserer Bedürfnisse in Christus. Wenn das unsere tiefe Überzeugung ist, wird die Freude in uns überfließen.

Freude – und wiederum Freude

»Freut euch im Herrn allezeit! Wiederum
will ich sagen: Freut euch!«
Philipper 4,4

Obwohl ihm der Gefängniswärter nicht von der Seite wich, strahlte Freude aus jeder Zeile des Briefes, den er an seine Geschwister in Philippi schrieb. Im ersten Teil des Briefes ließ Paulus sie wissen, dass er mit Freude für sie betete. Die Freude erfüllte sein Herz, weil Christus verkündigt wurde (1,18). Seine Freude werde auch weiter anhalten, so sagte er, weil er darauf vertraue, dass er früher oder später von seinem Leiden erlöst werden würde (1,18-19). Paulus wollte, dass auch die Philipper Freude in ihrem Glauben erfuhren (1,25). In Kapitel 2 taucht er noch tiefer in die Thematik ein, indem er seiner Freude über die Einheit unter den Geschwistern Ausdruck verleiht. Erstaunlich ist, dass seine Freude selbst in Ansehung der Möglichkeit stabil bleibt, sein Leben für Jesus lassen zu müssen (V. 17). In Vers 18 drängt Paulus die Philipper förmlich, sich mit ihm zu freuen, und einige Verse später, seinen Mitarbeiter Epaphroditus mit Freuden zu empfangen (V. 28-29). Noch dringlicher stellt Paulus den

Philippern die Bedeutung der Freude in Kapitel 3 vor Augen, das er in Vers 1 mit einer ernsthaften Aufforderung zur Freude beginnt. Als er das Ende des Briefes einläutet, bezeichnet er die geschwisterliche Beziehung zu den Philippern als seine Freude (4,1) und fügt eine nachdrückliche Befehlsform an: *»Freut euch im Herrn allezeit! Wiederum will ich sagen. Freut euch!«* (4,4).

Paulus sitzt im Gefängnis fest, und trotzdem ist Freude seine Grundstimmung. Welche Stimmung beschreibt unseren heutigen Zustand? Werden wir vom Stress erdrückt, der schwer auf uns lastet? Von sorgenvollen Gedanken an unsere Verantwortung zu Hause oder an unserer Arbeitsstelle, an familiäre Probleme? Vielleicht stehen wir momentan ganz allein da im Leben, weil wir entweder unverheiratet oder verwitwet sind oder auf tragische Weise von einem Menschen im Stich gelassen wurden, den wir geliebt und dem wir vertraut haben. Manch einem fehlt vielleicht die Freude, weil etwas, das wir uns so sehnsüchtig wünschen, unsere Herzen derart in Besitz genommen hat und wir dem Ersehnten so besessen hinterherjagen, dass wir keine Freude mehr empfinden können. Wie unsere Umstände auch immer aussehen mögen: Bestimmt die Freude unser Wesen, oder beherrscht uns die Angst und die Depression?

Freude erscheint uns manchmal als ein unmöglich zu erreichendes Ziel. Doch warum konnte sich Paulus freuen, obwohl er in Ketten lag? Er konnte sich freuen, weil seine Freude nicht in den Umständen begründet war. Die Freude, die Paulus ausstrahlte, entsprang der Tatsache, dass sein ganzes Leben, alle seine Ziele und all sein Denken auf Jesus Christus ausgerichtet war. Für ihn war es schlicht und ergreifend eine Frage der Perspektive.

»Ich fühle momentan einfach keine Freude«, sagen wir uns manchmal, aber Paulus' Worte und seine Aufforderungen in Bezug auf Freude waren mehr als ein paar hilfreiche Vorschläge. Er formulierte sie bewusst in der Befehlsform. Mit anderen Worten, Freude ist eine Verpflichtung. Kann das denn angehen? Sind wir etwa für unsere Gefühle verantwortlich? Wir können keine Freudengefühle in uns selbst erzeugen, das ist wohl war. Freude ist jedoch kein Gefühl. Freude beginnt mit einer willensgesteuerten Handlung. Sie beginnt mit der demütigen Bereitschaft, Gott unter allen Umständen Ehre und Dank zu bringen – ungeachtet unserer Gefühle. Sind wir dazu bereit?

Freude – in Jesus allein

*»Wenn irgendein anderer meint, auf Fleisch
vertrauen zu können - ich noch mehr.«*
Philipper 3,4

Bevor er Christ wurde, konnte Paulus vieles vorweisen, das für ihn sprach. Doch als Christus ihn fand, verzichtete Paulus auf all seine menschlichen Aktivposten.

Lassen Sie uns darüber einmal von unserem eigenen Standpunkt aus gesehen nachdenken. Worauf verlassen wir uns nur allzu gerne? Worauf können wir unser Vertrauen setzen? Wohl kaum auf die Tatsache, dass wir zu einer guten Gemeinde gehören, in der reine biblische Lehre verkündigt wird. Das ist sicherlich ein Segen und eine Hilfe, aber daraus beziehen wir nicht unsere geistliche Sicherheit. Ebenso wenig liegt unsere Sicherheit in unserem regelmäßigen Bibellesen, unserer Mitarbeit in der Kinderstunde oder unseren finanziellen Beiträgen zugunsten der Obdachlosenhilfe. Unser Vertrauen sollte auch nicht auf dem Glauben unseres Ehemannes ruhen, dem tadellosen Benehmen unserer Kinder oder der Tatsache, dass wir in einem christlichen Elternhaus aufgewachsen sind. Keines von diesen Dingen ist letztlich ein Hinweis darauf, dass wir unsere Sicherheit in Jesus gefunden haben. Es ist Jesus selbst – und Jesus allein – der uns rettet. Charles Haddon Spurgeon schrieb einmal: »Welch unaussprechliche Gnade ist es doch, dass nicht unser Festhalten an Christus, sondern sein Festhalten an uns über unser geistliches Schicksal entscheidet! Welch süße Wahrheit: Nicht die Festigkeit unseres Griffes nach seiner Hand, sondern sein Griff nach unserer Hand ist es, der uns rettet.«

Wir können die Beziehung zu Gott nicht aus eigener Kraft »machen«. Wir nennen Gott »Vater«, leben von seiner Fürsorge und genießen die Beziehung zu ihm, aber diese ist niemals beschränkt auf Gott, den Vater und uns. Jesus steht immer in der Mitte dieser Beziehung. Nur durch Jesus Christus können wir zu Gott »Vater« sagen. Nichts in oder an uns selbst, sondern einzig und allein die Beziehung zu Jesus ermöglicht unsere Beziehung zu Gott.

Worauf also setzen wir unser Vertrauen? Wie können wir sicher wissen, dass wir gerettet sind? Wie können wir sicher wissen, dass Gott uns liebt? Schauen wir in uns selbst hinein, dann erlangen wir alles andere als diese Sicherheit, weil wir dort absolut nichts entdecken können, das hinreichend würdig wäre, um eine Beziehung zu Gott einzugehen und aufrechtzuerhalten.

Sehr leicht neigen wir dazu, unser tägliches Leben als eine Art Messschnur für Gottes Gunst zu betrachten, an der wir ablesen können, wie gut wir mit Gott unterwegs sind. Wenn die Dinge gut laufen, gehen wir davon aus, dass Gott zufrieden mit uns ist. Treffen uns Schicksalsschläge, befürchten wir, Gottes Gunst verspielt zu haben. Sicherlich lässt er uns Konsequenzen spüren, wenn wir gesündigt haben, und bringt auch verborgene Sünde ans

Licht, indem er uns Prüfungen und Anfechtungen aussetzt. Doch wenn wir in Christus sind, dann sind diese Prüfungen ein Zeichen dafür, dass wir uns ganz sicher im Wirkungsfeld seiner Gunst befinden.

Halten wir unsere jeweiligen Lebensumstände für ein Barometer unseres Lebens mit Gott, öffnen wir dem Zweifel und der Angst in unserem Herzen Tür und Tor. Früher oder später wird es Umstände geben, die uns komplett den Boden unseres Lebens unter den Füßen wegziehen. Wenn wir dann aber die Qualität unserer Nachfolge an den Umständen ablesen, wie sollen wir dann noch den Kopf oben behalten?

Jesus ist die einzige Grundlage unserer Sicherheit, und diese Tatsache ist auch die Grundlage unserer Freude. Wir selbst sind unzulänglich. Unsere Lebensumstände sind unsicher. Jesus allein ist der Unwandelbare, und deshalb ist er das allein taugliche Fundament unserer Gewissheit. Und welch eine Gewissheit, die er in unser Herz legt!

Freude – indem wir uns Ihm unterordnen

> »Demütigt euch nun unter die mächtige Hand Gottes, damit er euch erhöhe zur rechten Zeit, indem ihr alle eure Sorge auf ihn werft! Denn er ist besorgt für euch.«
> 1. Petrus 5,6-7

Der Verzicht auf Selbstgenügsamkeit ist der Weg zur Freude, selbst wenn dieser Weg an manch einer Stelle hart und beschwerlich sein mag. Loszulassen und zu lernen, sich in allen Dingen von Jesus abhängig zu machen, ist die schwerste aller Übungen, weil die Unabhängigkeit unser Standardmodus ist, in dem wir funktionieren. Paulus fiel es offensichtlich auch nicht leicht loszulassen: »Durch ihn habe ich alles andere verloren (...)«, schreibt er (Phil 3,8, NeÜ). Der Verzicht auf Unabhängigkeit beinhaltete Leiden auch für Paulus. Das Sterben des Eigensinns ist immer ein schmerzhafter Prozess, selbst wenn man davon überzeugt ist, dass er im Ergebnis gewinnbringend sein wird. Es tut weh, sich von Eigenständigkeit, Selbstsicherheit und Selbstgenügsamkeit zu verabschieden. Der tief in unserem Innern verwurzelte Stolz will keinen Erlöser. Wir möchten unser Leben nach eigenen Vorstellungen gestalten. Wie selbstverständlich sind wir auf den Pfaden unseres selbst abgesteckten Reviers unterwegs, auch wenn wir immer wieder scheitern.

Wenn wir zum Glauben an Jesus durchdringen und er unser Herz in seine Hände nimmt, beginnt der Heilige Geist an uns zu arbeiten und uns nach und nach in das Bild unseres Heilandes zu verwandeln. Dieser Prozess beinhaltet, dass wir unser altes Ich hinter uns lassen. Auch wenn es schmerzhafte Etappen auf diesem Weg gibt, so führt er doch immer zur Freude. Vertrauen wir auf Gott und folgen ihm ohne Vorbehalte, so werden wir wie Paulus die Erfahrung machen, dass das, was wir aufgeben, weniger als nichts ist gemessen an dem, was wir dafür gewinnen. Paulus kam an den Punkt, an dem er alles für Dreck erachtete, verglichen mit dem Privileg, Jesus Christus zu kennen. Offensichtlich empfand er keine Reue darüber, denn er hatte erfahren, dass der Gewinn den gezahlten Preis bei Weitem übersteigt.

Jesus allein – ist dieses Ziel des Paulus auch unser Ziel? Lautet unsere Antwort nein, so könnte dies der Grund sein, weshalb wir noch nie erlebt haben, wie wahrhaft befreiend und wohltuend es ist, von sich selbst abzusehen und sich der liebevollen und souveränen Führung Gottes anzuvertrauen. Vielleicht haben wir aber auch noch nicht wirklich festgestellt, dass uns Selbstsicherheit und Selbstgenügsamkeit nicht an das erwünschte Ziel bringen. Worauf warten wir noch? Realistisch betrachtet haben wir nichts zu verlieren. Nur wenn wir uns eingestehen, dass Freude ausschließlich durch völlige Hingabe möglich ist, werden wir bleibende Freude erleben.

Freude – über Gottes Liebe

»Und um dieses bete ich, dass eure Liebe noch mehr und
mehr überreich werde in Erkenntnis und aller Einsicht,
damit ihr prüft, worauf es ankommt, damit ihr lauter
und unanstößig seid auf den Tag Christi, erfüllt mit der
Frucht der Gerechtigkeit, die durch Jesus Christus gewirkt wird, zur Herrlichkeit und zum Lobpreis Gottes.«
Philipper 1,9-11

Es gibt bestimmte Gebete, von deren Erhörung wir mit
Sicherheit ausgehen können, und zwar deshalb, weil die
Bibel uns diese Gebete als Beispiele dafür an die Hand gibt,
wie wir beten sollen. Gott möchte, dass wir ihn um die
Dinge bitten, die wir den Gebeten aus der Bibel entneh-
men können, weil er nichts lieber tun würde, als uns
genau diese Dinge zu schenken. In dem Gebet, das Paulus
in Philipper 1,1-9 formuliert, werden wir bereits fündig.

Mit welchen Gaben dürfen wir rechnen, wenn wir so
bitten, wie Paulus es hier tut? Lassen Sie uns einen Blick
auf die Segnungen werfen, die hier genannt werden:
wachsende Liebe; tiefere Erkenntnis Gottes; die Fähigkeit,
das Gute, das Bessere und das Beste von einander zu
unterscheiden; Reinheit; Unanstößigkeit; Gerechtigkeit,
die durch Jesus Christus in uns gewirkt wird; die Gelegenheit, Gott zu verherrlichen.

Das klingt ja gut und schön, denken wir jetzt, doch was bedeutet das alles konkret? Unser Verstand sagt uns, dass es richtig ist, für derartige Anliegen zu beten, doch weil wir oftmals keine genaue Vorstellung der Auswirkung für unser eigenes Leben haben, fehlt uns die Motivation, Gott mit solchen Gebeten zu bestürmen. Näherliegend sind uns eher die Bitten, in denen wir dem Alltag entspringende Bedürfnisse und Wünsche nennen, weil wir die konkrete Verwendung für solche Gaben bereits vor Augen haben. Doch die Segnungen, die in Paulus' Gebet enthalten sind, sind in Wahrheit voller Reichtum und vermitteln tiefere Erfüllung, als es irdische Güter je vermögen.

Paulus betet zunächst um überreiche Liebe. Liebe zu wem? Meint er die Liebe zu Gott oder zueinander? Die Antwort finden wir in dem höchsten Gebot, das Jesus uns in Matthäus 22,37-39 nennt: »*Du sollst den Herrn, deinen Gott, lieben mit deinem ganzen Herzen und mit deiner ganzen Seele und mit deinem ganzen Verstand. Dies ist das größte und erste Gebot. Das zweite aber ist ihm gleich: Du sollst deinen Nächsten lieben wie dich selbst.*« Wenn wir dieses Gebot betrachten, dann meint Paulus offensichtlich sowohl die Liebe zu Gott als auch die Liebe zueinander. Paulus betet, dass unsere Liebe zu Gott wachsen möge, was automatisch eine überfließende Liebe für andere Menschen zur Folge hat.

Der Apostel Johannes schrieb: »*Wir lieben, weil er uns zuerst geliebt hat*« (1Jo 4,19). Das Wachstum der Liebe zu Gott und zu unseren Nächsten verläuft parallel zu unserer Erkenntnis dessen, wie sehr Gott uns liebt. Ist das nicht das Großartigste, was uns widerfahren kann? Zu wissen, dass Gott uns so sehr liebt, dass nichts und niemand auf dieser Welt diese Liebe zerstören kann? Je mehr wir die Tiefe der Liebe Gottes zu uns begreifen, desto überfließender werden die Freude und Liebe zu Gott und den Menschen sein, die er in unser Leben gestellt hat.

Das ist also die mächtigste Quelle der Freude – das tiefe Verständnis für die Liebe Gottes zu uns. Gleichzeitig ist es das größte Bedürfnis der Menschen um uns herum, so leidvoll und schwierig ihre jeweiligen Lebensbedingungen derzeit auch sein mögen. Gott möchte, dass das Ausmaß seiner Liebe unser Innerstes ergreift und ergriffen macht – diese Liebe, die sich am deutlichsten darin zeigt, dass er seinen einzigen Sohn sendet und sterben lässt, um uns zu sich zurückzubringen. Wenn das die Tatsache ist, die uns am tiefsten bewegt, dann wird das für unsere Umgebung sichtbar sein, und die Menschen um uns herum werden ebenfalls ihre wahre Bedürftigkeit erkennen.

Anmerkungen

1. Übersetzt nach: James Boice, *Minor Prophets* (Grand Rapids, MI: Kregel, 1986), S. 25.

2. Übersetzt nach: J. I. Packer, *Knowing God* (Downers Grove, IL: InterVarsity Press, 1973), S. 246.

3. Ein gutes Buch zum Thema Freude, die es sich zu erkämpfen gilt, ist *Wenn die Freude nicht mehr da ist* von John Piper (CLV Bielefeld).

4. Übersetzt nach: Elisabeth Elliot: *Discipline: The Glad Surrender* (Grand Rapids, MI: Revell, 1982), S. 74.

5. Ich bin Todd Augustine dankbar für einige seiner Gedanken, die mir als Grundlage dieser Andacht gedient haben. Quelle: Todd Augustine, *Glaube und Buße* (Predigt), 2.8.2009, College Church, Wheaton, Illinois.

6. Übersetzt nach: Don Matzat: Christ Esteem: *Where the Search for Self-Esteem Ends* (Eugene, OR: Harvest House, 1990), S. 109.

7. Übersetzt nach: J. I. Packer, *God's Plan for You* (Wheaton, IL: Crossway , 2001), S. 91.

8. Übersetzt nach: Philip G. Ryken, *Ecclesiastes, Preaching the Word Commentary Series* (Wheaton, IL: Crossway, 2010), n.p.